汽车底盘构造与维修

（活页式）

主　编 ◎ 迟鑫才　王金金

副主编 ◎ 王建伟　赵红文　董雪岭　王丽

西南交通大学出版社

· 成都 ·

内容简介

本书基于汽车维修行业相关岗位需求，以中职汽车运用与维修专业教学标准为依据，参考"1+X"技能等级证书鉴定标准组织教材内容，采用"工学结合、理实一体"的原则进行教学任务设计，以学生为主体，充分考虑学生的认知能力，并在教材内容中融入了"课程思政"，实现了课程思政与技能培养的有机融合。

本书主要内容包括传动系统的构造与维修、行驶系统的构造与维修、转向系统的构造与维修、制动系统的构造与维修；可作为中等职业学校、技师学院等汽车专业教材，也可以供汽车维修技工学习参考或作为培训教材使用。

图书在版编目（CIP）数据

汽车底盘构造与维修：活页式 / 迟鑫才，王金金主编. —成都：西南交通大学出版社，2023.3
ISBN 978-7-5643-9108-9

Ⅰ. ①汽… Ⅱ. ①迟… ②王… Ⅲ. ①汽车－底盘－结构②汽车－底盘－车辆修理 Ⅳ. ①U463.1②U472.41

中国版本图书馆 CIP 数据核字（2022）第 251139 号

Qiche Dipan Gouzao yu Weixiu (Huoye Shi)
汽车底盘构造与维修（活页式）

主编　迟鑫才　王金金	责任编辑 / 刘　昕
	封面设计 / 原谋书装

西南交通大学出版社出版发行
（四川省成都市金牛区二环路北一段 111 号西南交通大学创新大厦 21 楼　　610031）
发行部电话：028-87600564　　　　028-87600533
网址：http://www.xnjdcbs.com
印刷：四川玖艺呈现印刷有限公司

成品尺寸　185 mm×260 mm
印张　14.25　　字数　354 千
版次　2023 年 3 月第 1 版　　印次　2023 年 3 月第 1 次

书号　ISBN 978-7-5643-9108-9
定价　48.00 元

前　言

近年来，我国汽车销售量保持较高增速。作为中国支柱产业之一的汽车行业，拥有庞大的市场规模，以及庞大的消费群体，行业发展稳步向前。目前，我国各大汽车企业正处于技术引进、自主创新的重要阶段，掌握核心技术是提高企业核心竞争力，乃至国家整体实力的重要手段。与之相适应，企业对于具备高技能和拥有良好职业素养的人才需求也日益剧增。作为培养技能人才的职业院校，理应冲锋在前，将行业发展趋势、创新技术、职业规范和道德准则等传递给广大的学生和社会人士。为此，我们整合专家资源，组织一线教师进行研究后精心编制了《汽车底盘构造与维修（活页式）》。

本书内容包括包括传动系统的构造与维修、行驶系统的构造与维修、转向系统的构造与维修、制动系统的构造与维修，共计 4 个项目 18 个任务。

本书具有以下特色：

（1）校企合作开发。

本书采用校企合作开发模式，校方着力构建理论知识部分；企业提供专业相关的技术支持，包括提供针对课程的数字化资源专业制作服务，协同校方完善数字化资源品类，提升书本资源质量等。

（2）"工学一体"编写。

本书坚持"工学一体"的编写原则，引入企业真实情境，理论与实操有机融合，逐步引领学习者"做中学，学中做"。

（3）立体化教材打造。

本书配套开发了独立的工作页手册，在配备基本的课件、题库外，还针对重点知识点开发相应的数字资源，包括动画、微课、视频等。学生可通过形象、生动的资源在轻松、愉悦的氛围中理解并掌握知识。

本书由涿州市职业技术教育中心的迟鑫才、王金金担任主编，涿州市职业技术教育中心的王建伟、赵红文、董雪岭、王丽担任副主编，天津市东丽区职业教育中心学校的李军、易县职业技术教育中心的马志强、涞水县职业技术教育中心的王海鸥、阜平县职业技术教育中心的顾海雨、玉田县职业技术教育中心的鲁建秋，以及四川交通职业技术学院的徐冲、卜军伟、张跃红参与编写。本书的编写过程，还得到了上海景格科技股份有限公司的大力支持，在此编者表示感谢。

本书为中职院校汽车运用与维修技术专业等教学用书，也作为企业技术人员的培训教材，汽车维修人员和汽车技术爱好者亦可用于自学。

由于编者的水平有限，书中难免存在一些疏漏和不足，恳请广大读者批评指正。

编　者

2023 年 02 月

目　录

项目一

传动系统的
构造与维修

汽车传动系统是汽车发动机和驱动轮之间的动力传递装置，其基本功用是将发动机的动力按需要传递给驱动轮。对于安装了手动变速器的汽车来说，传动系统主要包括离合器、手动变速器、万向传动装置、驱动桥（由主减速器、差速器和半轴等组成）。对于安装了自动变速器的汽车来说，传动系统主要包括液力变矩器、自动变速器、万向传动装置、驱动桥（由主减速器、差速器和半轴等组成）。

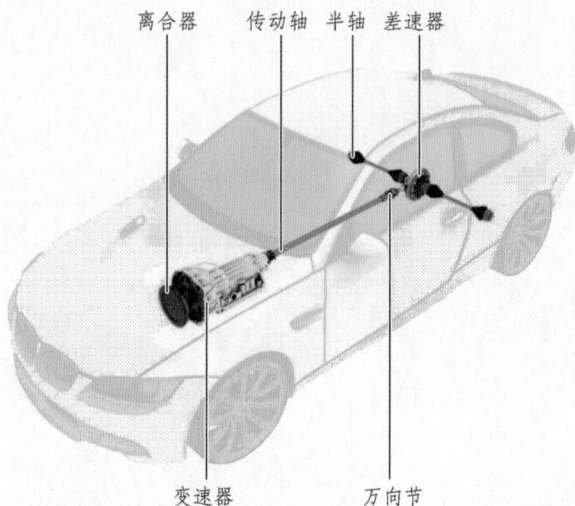

离合器　传动轴　半轴　差速器

变速器　　万向节

【学习目标】

1. 知识目标

（1）掌握汽车传动系统的作用与结构。
（2）掌握离合器的功用、结构及工作原理。
（3）掌握变速器的功用、分类及原理。
（4）掌握万向传动装置的功用及组成。
（5）熟悉主减速器、差速器的类型和应用特点。

2. 技能目标

（1）掌握离合器自由间隙和踏板自由行程的概述、相互关系及调整方法。
（2）掌握离合器的检修方法。
（3）能够对变速器进行拆装、检修。
（4）掌握万向传动装置的检修方法。
（5）能够对主减速器、差速器进行调整、检修。

3. 思政目标

（1）培养良好的职业道德和工匠精神。
（2）培养安全意识和团队协作精神。
（3）培养自我管理和自主学习能力。

任务一　传动系统的基本认知

【情境导入】

　　车主王先生驾驶一辆某品牌轿车，在行驶过程中，底盘不时传来多种异响。4S店维修技师经过检测及路试检查，发现离合器和变速箱都有异响。为了确定故障原因，传动系统需要做进一步检测。

接车与填写接车问诊表

接 车 问 诊 表			
车牌号：	车架号：	行驶里程：	（km）
用户名：	电话：	来店时间：	
用户陈述及故障发生时的状况：车辆加速无力，有异响			
故障发生状况提示：行驶速度、发动机状态、发生频率、发生时间、部位、天气、路面状况、声音描述			
接车员检测确认建议：检查整个传动系统			
车间检测确认结果及主要故障零部件：			
车间检查确认者：			
外观确认： （请在有缺陷部位作标识）		功能确认：（工作正常√　不正常×） □音响系统　□门锁（防盗器）□全车灯光 □工具　　　□后视镜　　□天窗　　□座椅 □点烟器　　□玻璃升降器　　□玻璃 物品确认：（有√　　无×） 贵重物品提示 □工具　　　　□备胎 □灭火器　　　□其他 （　　　　　　　） 旧件是否交还用户 □是　　　□否 用户是否需要洗车 □是　　　□否		
·检测费说明：本次检测的故障如用户在本店维修，检测费包含在修理费用内；如用户不在本店维修，请您支付检测费。本次检测费：￥　　　　元。			
·贵重物品：在将车辆交给我店检查修理前，已提示将车内贵重物品自行收起并保存好，如有遗失恕不负责。			
接车员：　　　　　　　　　　　　　　　用户确认：			

【信息分析】

查阅相关资料，尝试回答如下问题。

（1）汽车的传动系统主要有哪几种类型，不同类型适用于什么车型？

（2）汽车传动系统的主要功用有哪些？

（3）传动系统主要包含哪些部件，各个部件是如何工作的？

（4）观察汽车的底盘，判断其传动系统属于什么类型，有什么特点？

【信息收集】

一、传动系统的主要分类

按照传输动力的方式和介质不同，传动系统可大致分为纯机械式、液力机械式、静液式、电力式等。现代的小型汽车普遍采用的传动系统为纯机械式和液力机械式。纯机械式传动系统主要应用于手动挡和双离合自动挡汽车，液力机械式主要应用于无级变速和行星齿轮自动挡汽车。

按照传动比的变化，传动系统可分为有级变速和无级变速系统。有级变速是指传动系统可以得到若干数值一定的传动比；无级变速是指传动比能在一定范围内按无限多级进行变化的传动系统。

二、传动系统的主要作用

汽车传动系统的基本作用是将发动机发出的动力传递给驱动车轮，利用驱动轮与路面之间的摩擦作用产生一个摩擦牵引力，驱动车辆向前行驶。同时，在面对不同的行驶工况和复杂多变的路况时，传动系统还有改变车速、改变转矩、切断动力等作用。下面将详细介绍传动系统的不同作用。

1. 实现车辆的加速和减速

汽车的工作条件是复杂多变的，比如车辆的负载、道路平坦度、道路粗糙度及拥堵程度等都会有所不同，这就要求车辆的速度可以在较大的范围内变化。就发动机而言，其转速的变化范围是比较窄的，通过变速箱中挡位的变化，可以实现传动比的变化，从而实现车辆的加速和减速。

2. 实现增大转矩的作用

由牛顿力学定律可知，若车辆处于匀速直线运动状态下，其驱动力只需克服外界的阻力 f（主要考虑车辆与地面的摩擦力）即可；当车辆在起步和加速的状态下，其驱动力除了克服外界的阻力外，还需要一部分驱动力来实现加速（$F=ma$）。当行驶在粗糙路面、爬坡、起步或快速超车等情况下，车辆就需要有较大的驱动力，在发动机转矩范围有限的情况下，就需要通过变速箱降低挡位及主减速器来实现转矩的增大。

3. 实现汽车倒挡行驶

在特定的场景下，如在狭窄处调头，倒车入库和侧方位停车时等情况下，车辆需要倒向行驶。在发动机的旋转方向确定的情况下，车辆通过变速箱内的前进挡和倒挡来改变驱动轮的旋转方向，以实现前进和倒向行驶。

4. 实现汽车动力的实时中断

车辆在某些工况下，需要将发动机与驱动轮之间的动力切断，这类工况包括（1）车辆启动时，由起动机带动飞轮将发动机启动，由于起动机的输出功率仅能带动发动机克服自身的阻力，而不能提供足够的驱动力以驱动车辆行驶，因此通过变速器置于空挡位以切断动力以保证发动机正常启动；（2）车辆由静止起步，需要克服较大的静摩擦力，发动机的动力并不能瞬间传递到驱动轮的，因此需要在变速器置 1 挡前，踩下离合踏板切断动力，再缓慢抬起离合踏板，以实现发动机的动力平稳地、逐步地传递到驱动轮；（3）车辆在遇红灯以及其他需要减速停车的情形下，需要在车辆的速度降到 1 挡怠速对应的速度前，切断动力以避免车辆熄火；在完全静止后，车辆通过将挡位置于空挡切断动力，可以在发动机运转状态下保持静止；（4）车辆在行驶过程中，需要不时地切换挡位，其本质上是先让变速箱内的当前挡位对应的一对啮合齿轮脱离，并将下一个挡位对应的一对齿轮进行啮合，若齿轮在有负载且高速运转状态下，不仅原本啮合的齿轮对难以退出啮合，而且新参与啮合的齿轮也会出现打齿而损坏。所以，车辆换前挡时，需要踩下离合踏板，临时切断动力，当完成换挡动作后，再松开离合踏板，恢复动力连接。离合器、刹车和油门踏板如图 1-1-1 所示。

图 1-1-1　离合器、刹车和油门踏板

5. 实现驱动轮的差速

差速器结构如图 1-1-2 所示。车辆处于直线行驶时，左右两侧的驱动轮行驶过的距离是相等的。车辆在转弯时，如图 1-1-3 所示，当驱动轮由 AB 处转弯后行驶至 A_1B_1 处，左右两个车轮在相同的时间内行驶过的距离是不同的，内侧车轮行驶过的距离为 AA_1，外侧车轮行驶的距离为 BB_1，则 $BB_1 > AA_1$，所以在转弯时，外侧车轮行驶过的距离是大于内侧车轮的。若左右两侧的驱动轮为刚性连接，则两者无论在何时，其角速度都相同。这将导致车辆在转弯时，至少有一个驱动轮相对于地面产生打滑，这也使转向困难，动力消耗相应增大，同时部分零部件，尤其是轮胎的磨损增大，寿命缩短。驱动桥内的差速器可以实现左右两个驱动轮以不同的角速度旋转，保证转弯时的平顺。

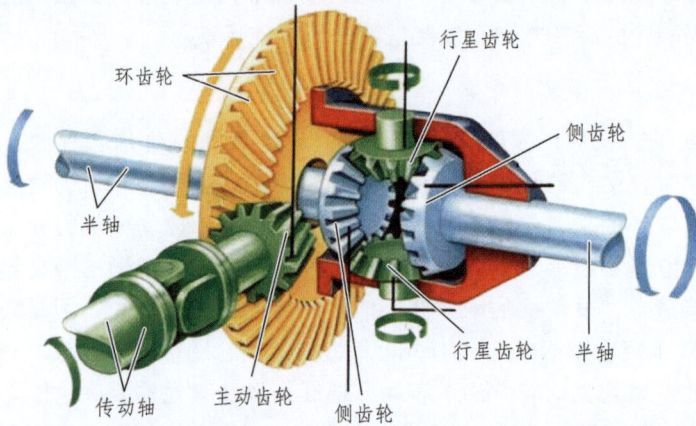

图 1-1-2　差速器结构

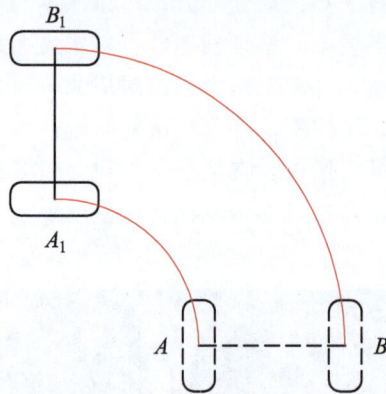

图 1-1-3　驱动轮转向图

6. 实现变速器和主减速器之间的万向传动

由于发动机、离合器和变速器固定在车架上，而驱动桥和驱动轮一般是通过弹性悬架与车架连接，在汽车行驶的过程中，变速器与驱动桥之间经常有相对运动，使得主减速器与变速器之间的距离及轴线支架的夹角是浮动变化的。因此，变速器和主减速器之间无法进行刚性连接，而是采用了万向传动装置，以适应主减速器位置的实时变化，如图 1-1-4 所示。

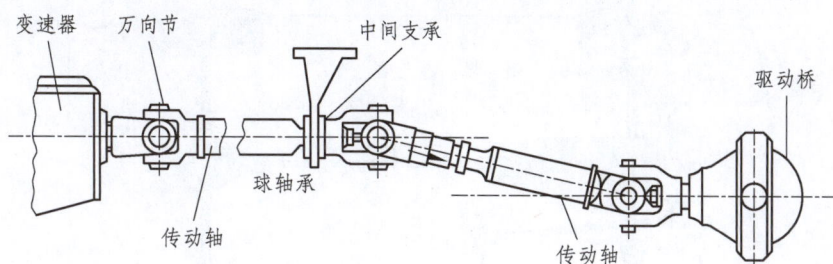

图 1-1-4　万向传动装置

三、传动系统的布置方式

根据车型不同的不同，发动机的安装位置通常有前置、中置和后置，即发动机分别位于汽车的前部、中部和后部。驱动轮的布置方式分为前轮驱动、后轮驱动以及四轮驱动。发动机的位置和汽车的驱动形式决定了传动系统的布置方式。

1. 前置前驱（FF）

发动机前置、前轮驱动的传动系统，其变速器和差速器制成一体并同发动机、离合器一起集中安装在汽车前部，如图 1-1-5 所示。发动机有纵向布置和横向布置之分。这种布置形式，除具有发动机散热条件好、操纵方便等优点外，还省去了很长的传动轴，传动系统结构紧凑，整车质心降低，汽车高速行驶稳定性好。但上坡时前轮附着力减小，易打滑，下坡制动时前轮载荷加重。故 FF 主要用于质心较低的轿车上。

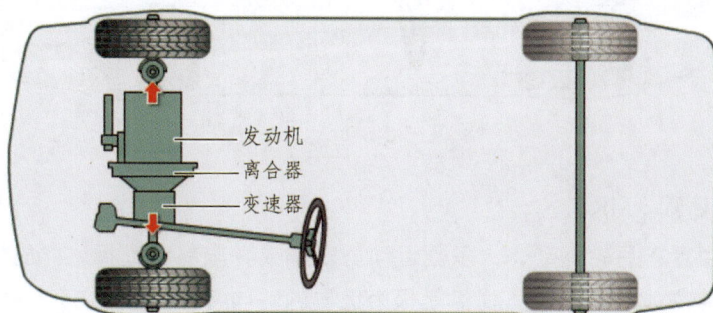

图 1-1-5　前置前驱

2. 前置后驱（FR）

这是目前各种货车及高端轿车广泛采用的一种传动系统布置形式，如图 1-1-6 所示。它一般是将发动机、离合器和变速器连成一个整体安装在汽车前部，而主减速器、差速器和半轴则安装在汽车后部的后桥壳中，两者之间通过万向传动装置相连。这种布置形式，发动机散热条件好，便于驾驶员直接操纵发动机、离合器和变速器，操纵机构简单，维修方便，且后驱动轮的附着力大，易获得足够的牵引力。

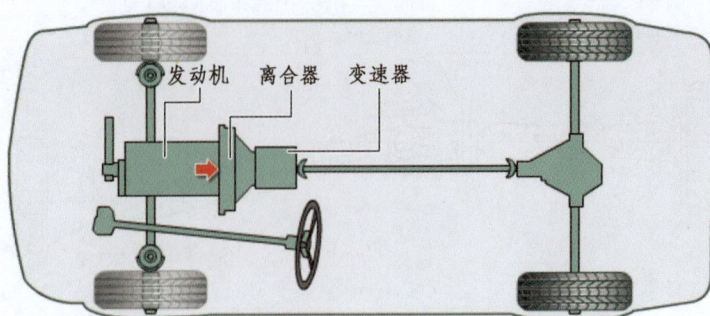

图 1-1-6　前置后驱

3. 后置后驱（RR）

发动机后置、后轮驱动的传动系统的发动机、离合器和变速器制成一体布置在驱动桥之后，如图 1-1-7 所示。这样可大大缩短传动轴的长度，且传动系统结构紧凑，质心有所降低，前轴不易过载，后轮附着力大，并能更充分地利用车厢面积。但由于发动机后置，其散热条件差。发动机、离合器、变速器的远距离操纵使操纵机构变得复杂，维修调整不便。所以此种形式的传动系统多用于大型客车。

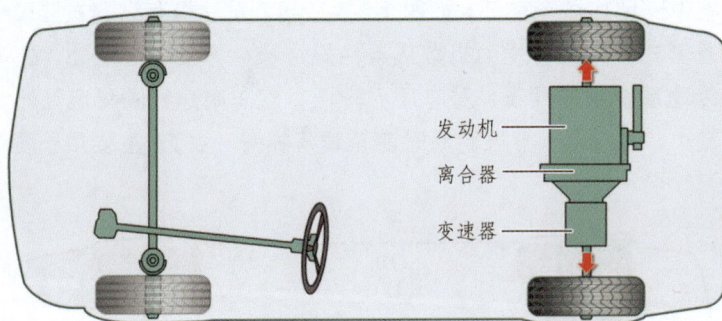

图 1-1-7　后置后驱

4. 中置后驱（MR）

发动机中置、后轮驱动，大多数运动型轿车或赛车都会选择这样的型式，如图 1-1-8 所示。中置发动机的最大优点是极为优异的转向特性。在转向时，转动方向盘，汽车很快就跟着转向，两者间的时间差非常短，车身紧随转向动作的性能特别好。中置后驱车的另外一个优点就是起步和加速性能较好。因为当起步或减速时，整车的重力向后移动，从而增加了后轮对地面的附着力，驱动力再大也很难使轮胎打滑。由于 MR 发动机和传动机构都集中地布置在汽车中部，严重地影响了车身空间的利用，使其车内空间狭小，因此实用性较差，一般只布置两个座椅。

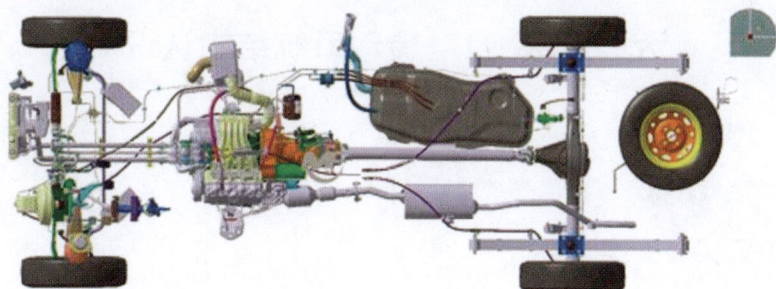

图 1-1-8 中置后驱

5. 全轮驱动

全轮驱动即发动机前置、全轮驱动。为了充分利用所有车轮与地面之间的附着条件，以获得尽可能大的牵引力，越野汽车采用全轮驱动，4×4 越野汽车传动系统布置形式如图 1-1-9 所示。与发动机前置、后轮驱动的汽车相比较，其前桥既是转向桥也是驱动桥。为了将发动机传给变速器的动力分配给前、后两驱动桥，变速器后增设了分动器，由驾驶员控制。

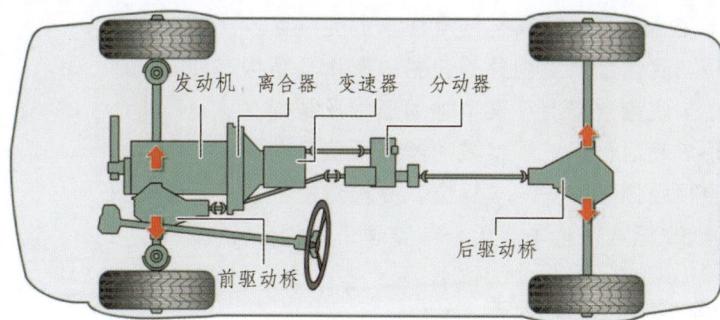

图 1-1-9 全轮驱动

活页工单 1-1　传动系统结构认识

【接受工作任务】

　　根据给定的轿车，对传动系统进行结构认知。

【制定任务实施方案】

　　分组查阅维修手册，认识整个传动系统的组成、各部件的安装位置、连接顺序，为维护与保养准备。

一、任务分工

　　每四位同学成一组，在轿车上识别传动系统各部件的位置。每组作业时间为30 min。任务实施步骤如下。

　　（1）打开车门，罩好"三件套"，拉动发动机舱盖手柄。

　　（2）打开发动机舱盖，罩好发动机舱防护罩，拆下发动机护板。

　　（3）找出变速箱，观察其结构及在车上的位置。

　　（4）在轿车底盘台架上观察差速器的形状及结构。

　　（5）在轿车底盘台架上观察半轴的形状及结构。

　　（6）在轿车底盘台架上观察减速器的形状及结构。

　　（7）按照相应的顺序把汽车复位，并检查复位状况是否良好。

　　（8）按照 5S 标准把轿车底盘台架整理干净并复位。

二、异常情况处理办法

【任务考核】

项目一　传动系统的结构与维修		
任务一　传动系统的基本认知		
姓名		**组别**
班级		**学号**
题型	**考核题目**	**得分**
单选	（1）为了将发动机传给变速器的动力分配给前、后两驱动桥，在变速器后增设了（　　），由驾驶员控制。 A. 差速器　　　　B. 分动器　　　　C. 离合器　　　　D. 半轴 （2）下列哪不是按发动机及驱动轮的安装位置分类的是（　　）。 A. 前置前驱　　　B. 前置后驱 C. 四轮驱动　　　D.4×2（四轮两驱） （3）目前大部分经济型轿车采用的传动形式是（　　）。 A. 前置前驱　　　B. 前置后驱　　　C. 后置驱动　　　D. 四轮驱动 （4）越野车的主要传动形式是（　　）。 A. 前置后驱　　　B. 前置前驱　　　C. 后置后驱　　　D. 全轮驱动 （5）发动机前置前驱动的优点有（　　）。 A. 行驶稳定性好　　　　　　　B. 发动机散热好 C. 转弯不易跳动　　　　　　　D. 其他各项都是	
判断	（1）汽车驱动形式通常用汽车车轮总数×从动车轮数来表示。 （　　） （2）前置前驱的变速器和差速器分别安装于汽车的前部和后部。 （　　） （3）传动系统的功用是将发动机动力传给驱动轮。（　　） （4）全轮驱动汽车一般广泛应用于轿车上。（　　）	
总分		

任务二　离合器的结构与维修

【情境导入】

车主王先生驾驶一辆轿车，在起步时出现起步困难以及在行驶时出现动力不足现象。4S店维修技师经过检测及路试检查，初步怀疑故障是离合器损坏而导致。为了确定故障原因，离合器需要做进一步检测。

接车与填写接车问诊表

接 车 问 诊 表		
车牌号：　　　　　车架号：　　　　　　行驶里程：　　　　　（km）		
用户名：　　　　　电话：　　　　　　来店时间：		
用户陈述及故障发生时的状况：车辆起步困难，动力不足		
故障发生状况提示：行驶速度、发动机状态、发生频率、发生时间、部位、天气、路面状况、声音描述		
接车员检测确认建议：检查离合器		
车间检测确认结果及主要故障零部件：		
车间检查确认者：		
外观确认： （请在有缺陷部位作标识）	功能确认：（工作正常√ 不正常×） □音响系统 □门锁（防盗器）□全车灯光 □工具　□后视镜　□天窗　□座椅 □点烟器　□玻璃升降器　□玻璃 物品确认：（有√　无×）	贵重物品提示 □工具　　□备胎 □灭火器　□其他 （　　　　　） 旧件是否交还用户 □是　□否 用户是否需要洗车 □是　□否

• 检测费说明：本次检测的故障如用户在本店维修，检测费包含在修理费用内；如用户不在本店维修，请您支付检测费。本次检测费：￥　　　元。

• 贵重物品：在将车辆交给我店检查修理前，已提示将车内贵重物品自行收起并保存好，如有遗失恕不负责。

接车员：　　　　　　　　　　用户确认：

【信息分析】

查阅相关资料，尝试回答如下问题。

（1）离合器由哪些零部件组成？

（2）离合器的作用是什么？

（3）离合器是如何工作的？

【信息收集】

一、离合器的功用

离合器安装在发动机与变速器之间（见图 1-2-1），通常与发动机曲轴飞轮组安装在一起，是发动机与汽车传动系统之间切断和传递动力的部件。

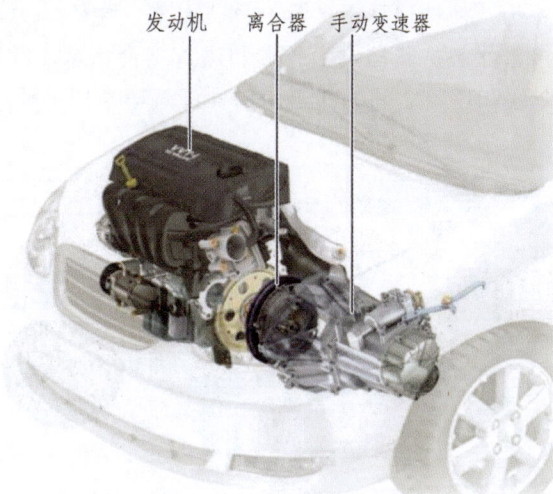

图 1-2-1　离合器安装位置

从汽车起步到正常行驶的整个过程中，驾驶员可根据需要操纵离合器，使发动机和传动系统逐渐接合或暂时分离，以传递或切断发动机向传动系统输出的动力。具体功用如下。

1. 保证汽车平稳起步

汽车起步时，由静止到行驶的过程中，其速度由零逐渐增大。此时，如果发动机与传动系统刚性联系，变速器挂上挡位，汽车将因突然接受动力而猛烈地向前窜动，未能起步而迫使发动机熄火。而汽车安装了离合器后，在起步的过程中，需要离合器先分离、中断动力，在挂上相应挡位后，再逐步接合，使发动机的动力逐渐地传递给传动系统。这样就可以缓和发动机和传动系统在汽车起步时所受到的冲击，以保证汽车平稳起步。如图 1-2-2 所示。

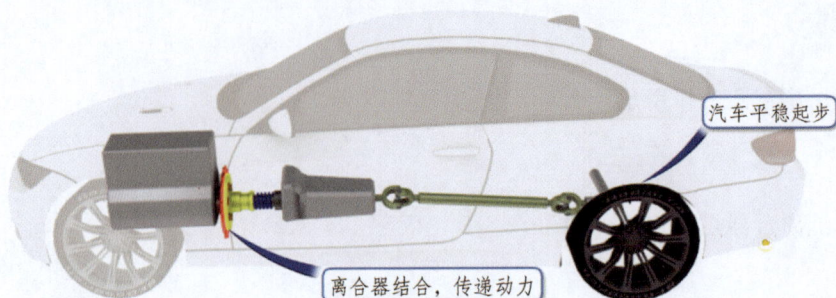

图 1-2-2　离合器功用（1）

2. 保证汽车平顺换挡

在汽车行驶过程中，为了适应不断变化的行驶条件，传动系统经常要换用不同挡位工作。实现齿轮式变速器的换挡，一般是拨动齿轮或其他挂挡机构，使原用挡位的某一齿轮副退出传动，再使另一挡位的齿轮副进入工作。为避免变换挡位时齿轮之间受到较大的冲击，换挡过程需要离合器先分离、中断动力，这样可以使原挡位的齿轮顺利退出接合状态，新挡位齿轮顺利进入接合状态，然后离合器再接合，传递动力。这样可以缓和齿轮之间的冲击，以保证汽车换挡平顺。如图 1-2-3 所示。

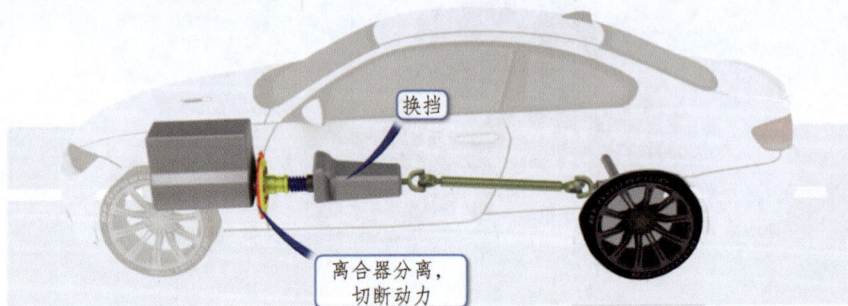

图 1-2-3　离合器功用（2）

3. 防止传动系统过载

当汽车进行紧急制动时，若没有离合器，发动机将因与传动系统刚性相连而急剧降低转速，发动机和传动系统中的运动件将产生很大的惯性力矩（数值可能大大超过发动机正常工作时所发出的最大转矩），对传动系统造成超过其承载能力的载荷，而使其机件损坏。有了离合器，便可依靠离合器主动部分和从动部分之间可能产生的相对运动来消除这一危险。因此，离合器的这一功用是限制传动系统所承受的最大转矩，防止传动系统过载。如图 1-2-4 所示。

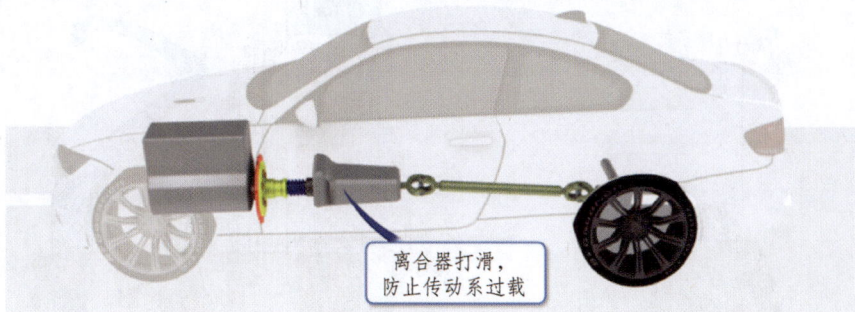

图 1-2-4　离合器功用（3）

二、离合器的类型

离合器的结构形式繁多，按传递转矩方式的不同可分为摩擦式、液力式和电磁式三类。

1. 摩擦式离合器

离合器的主、从动元件之间，利用摩擦力传递转矩，当从动盘与飞轮之间有间隙时，主动元件飞轮不能带动从动盘旋转，离合器处于分离状态。当压紧力将从动盘压向飞轮，飞轮表面对从动盘表面的摩擦力带动从动盘旋转，离合器处于接合状态。摩擦式离合器结构简单、性能可靠、维修方便，是目前应用最广泛的一种，这里主要对摩擦式离合器展开介绍。摩擦式离合器基本结构主要是由主动部分、从动部分、操纵机构和压紧机构组成，如图 1-2-5 所示。

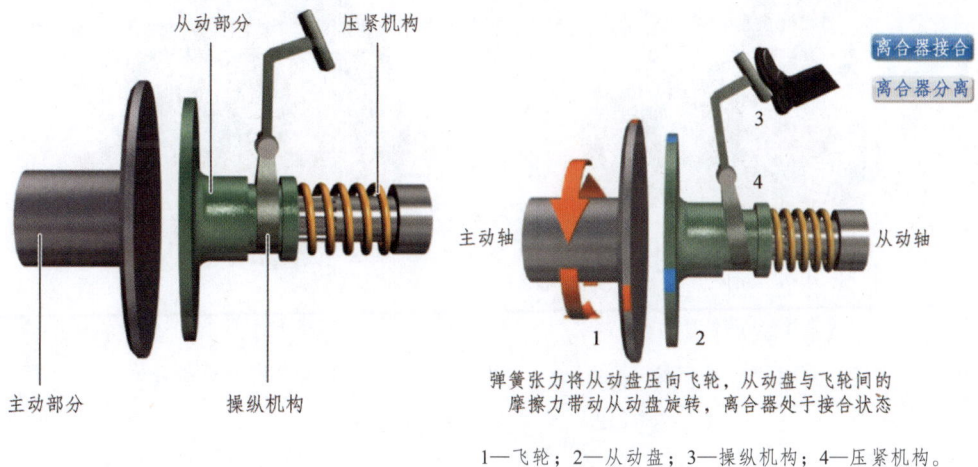

离合器接合
离合器分离

弹簧张力将从动盘压向飞轮，从动盘与飞轮间的摩擦力带动从动盘旋转，离合器处于接合状态

1—飞轮；2—从动盘；3—操纵机构；4—压紧机构。

图 1-2-5　摩擦式离合器简化结构及工作原理

摩擦式离合器也分有多种类型，具体分类如下。

（1）按从动盘的数目分类。

按从动盘的数目不同，离合器可分为单片离合器和双片离合器，如图 1-2-6 所示。轿车、客车和部分中、小型货车多采用单片离合器，双片离合器多用于重型车辆上。

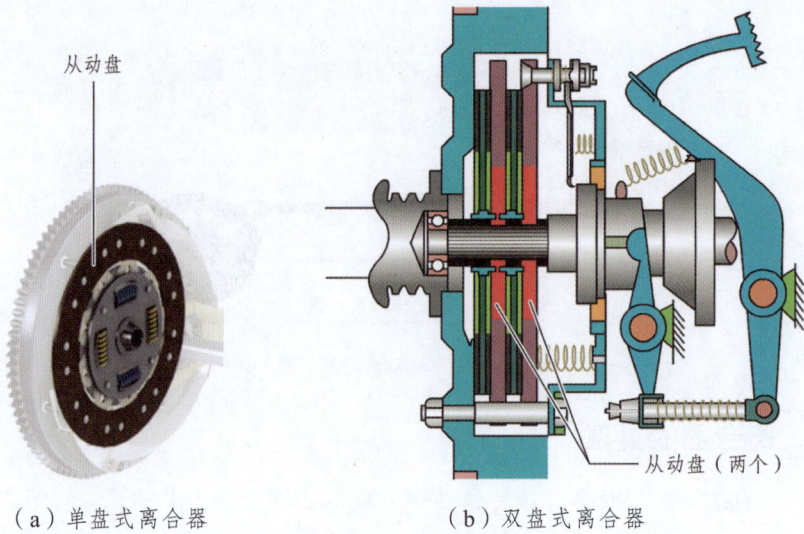

（a）单盘式离合器　　（b）双盘式离合器

图 1-2-6　按从动盘数目分类

（2）按压紧弹簧的形式分类。

　　按压紧弹簧的形式不同，离合器可分为周布弹簧离合器、中央弹簧离合器和膜片弹簧离合器。周布弹簧离合器和中央弹簧离合器采用螺旋弹簧，分别沿压盘的圆周和中央布置；膜片弹簧离合器采用膜片弹簧，目前应用最广泛。如图 1-2-7 所示。

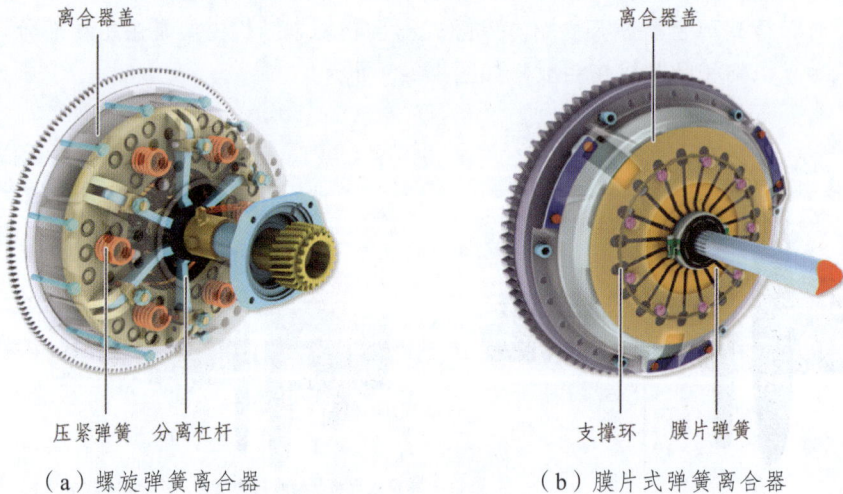

（a）螺旋弹簧离合器　　（b）膜片式弹簧离合器

图 1-2-7　按压紧弹簧的形式分类

（3）按冷却方式分类。

　　按照冷却的方式不同，离合器可分为干式和湿式离合器。干式离合器采用空气进行散热，主要优点是结构简单，成本低，维护和维修成本低，比较经济实用。湿式离合器采用油液进行冷却，优点是使用寿命长，一般不会发生故障，除非违反操作规程或者经常使离合器处于半离合状态工作。湿式离合器多用于自动变速器上，如普遍使用的手自一体化变速器。

2. 液力式变矩器器

离合器的主、从动元件间，利用液体介质传递转矩，称为液力变矩器，常用于自动挡的车型，如图 1-2-8 所示。

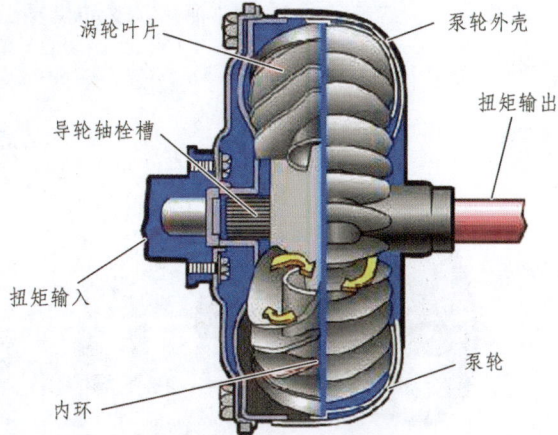

图 1-2-8　液力变矩器

3. 电磁式离合器

电磁式离合器也靠摩擦力来传递转矩，主、从动元件是靠电磁力进行结合的，如在汽车空调中应用的就是这种离合器。

三、膜片弹簧离合器的结构和原理

膜片弹簧离合器由主动部分、从动部分、压紧机构和操纵机构四部分组成。其中，主、从动部分和压紧机构是保证离合器处于接合状态并能传递动力的基本结构，为离合器总成，如图 1-2-9 所示。操纵机构主要是驾驶员用于离合器分离，又使之柔和接合的一套装置。

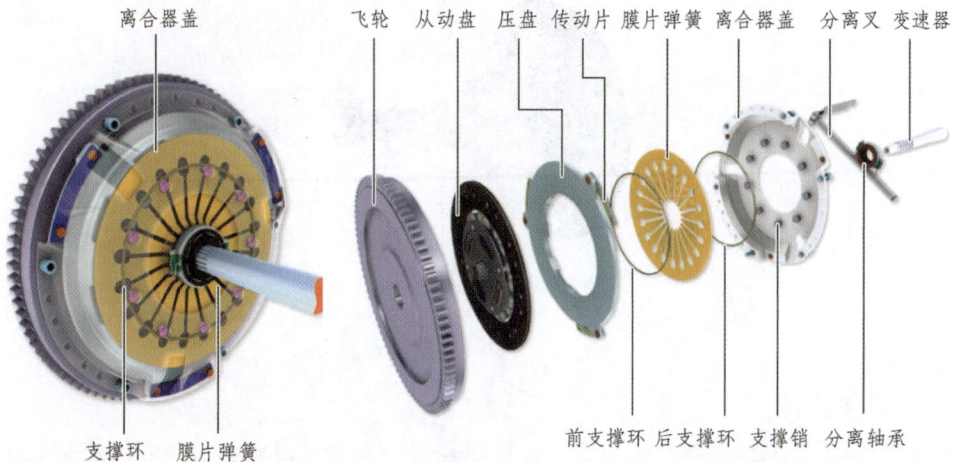

（a）装配图　　　　　　　　　　（b）分解图

图 1-2-9　膜片弹簧离合器

1. 主动部分

离合器主动部分接收来自发动机的动力，包括飞轮、离合器盖和压盘，如图 1-2-10 所示。飞轮用螺栓与曲轴固定在一起，离合器盖通过螺钉固定在飞轮后端面上，压盘与离合器盖通过传动片连接。这样，只要曲轴旋转，发动机发出的动力便经飞轮、离合器盖传至压盘，使它们一起旋转。

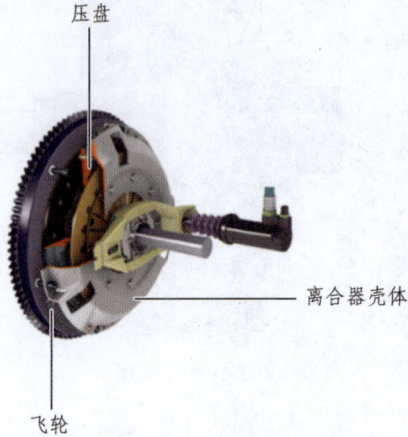

图 1-2-10　主动部分

2. 从动部分

离合器从动部分主要是将主动部分的动力传递给变速器的输入轴，主要由从动盘、输出轴（又是变速器输入轴）组成，如图 1-2-11 所示。这部分由单片、双片或多片从动盘组成，它将主动部分通过摩擦传来的动力传给变速器的输入轴。

图 1-2-11　从动部分

3. 压紧机构

离合器压紧机构由膜片弹簧组成，使压盘、飞轮和从动盘三元件相互压紧，以产生足够的摩擦力矩，从而保证离合器的扭矩传递。其主要部件是压紧弹簧（膜片弹簧式离合器为膜片弹簧；周布弹簧式离合器为螺旋弹簧；中央弹簧式离合器有两种，即圆柱形螺旋弹簧和圆锥形螺旋弹簧）。压紧机构主要由螺旋弹簧或者膜片弹簧组成，与主动部分一起旋转。它以离合器盖为依托，将压盘压向飞轮，从而将处于飞轮与压盘间的从动盘压紧，如图 1-2-12 所示。

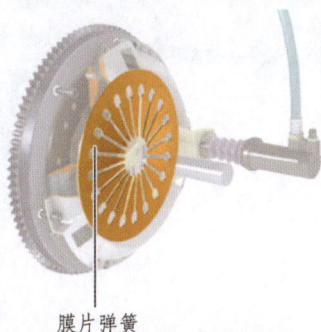

膜片弹簧

图 1-2-12　压紧机构

4. 操纵机构

离合器操纵机构是驾驶员控制离合器分离，然后又使之柔和结合的机构。驾驶员通过踩下和抬起离合器踏板，控制离合器分离叉运动来实现离合的分离和结合。同时，操纵机构又分为机械式和液压式两类。

（1）机械式。

机械式操纵机构由离合器踏板、踏板轴、拉杆、复位弹簧、分离拨叉、分离轴承等组成，其中离合器踏板和分离轴承之间通过机械杆件相连，如图 1-2-13 所示。这种操纵机构使用寿命短，机械传动效率也不高，传递力比较小，因此当代汽车上几乎不再采用。

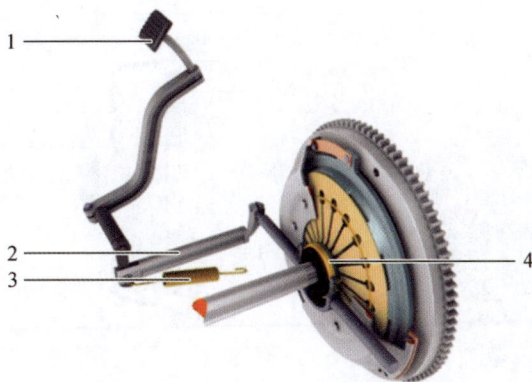

1—离合器踏板；2—离合器拉杆；3—复位弹簧；4—分离轴承。

图 1-2-13　机械式操纵机构

（2）液压式。

液压式操纵机构一般由离合器踏板、离合器主缸（又称总泵）、工作缸（又称分泵）、分离叉、分离轴承和管路系统等组成，如图 1-2-14 所示。离合器踏板和分离轴承之间通过主缸、工作缸及液压管路相连，离合器依靠人力产生的液压力控制。这种操纵机构摩擦阻力小，离合器结合柔和，传动效率高，且质量小，布置方便，因此被广泛采用。

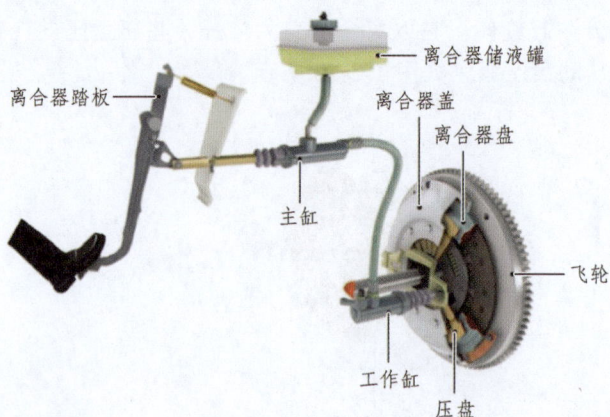

图 1-2-14　液压式操纵机构

5. 离合器工作过程

离合器就是靠主、从动件接触面之间的摩擦作用传递转矩。它传递的最大转矩取决于摩擦面间的最大静摩擦力矩，而最大静摩擦力矩与摩擦面间的压紧力、摩擦面尺寸、数目和材料有关。所以，一定结构的离合器，其最大静摩擦力矩是一个定值。

（1）初始状态。

离合器处于初始状态时，踏板未被踩下，处于结合状态，如图 1-2-15 所示。分离套筒被回位弹簧拉到后极限位置，膜片弹簧内端与分离轴承之间存在间隙，压盘在压紧弹簧作用下将从动盘压紧在飞轮上，发动机的转矩即经飞轮及压盘通过两个摩擦面传给从动盘，再经从动轴传给变速器。

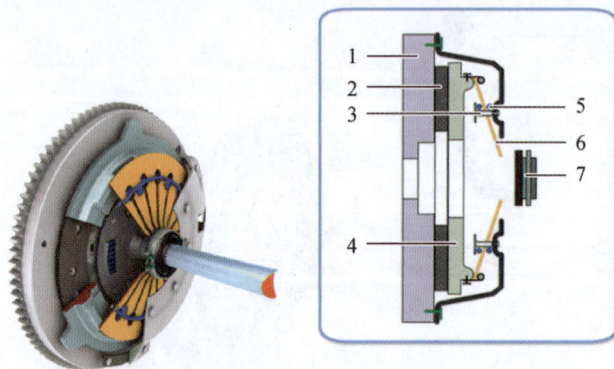

1—飞轮；2—从动盘；3—支撑销；4—压盘；5—支撑环；
6—膜片弹簧；7—分离轴承。

图 1-2-15　膜片弹簧离合器结合状态

（2）分离过程。

需要分离离合器时，驾驶员只要踏下离合器踏板，拉杆拉动分离叉，分离叉内端推动分离套筒、分离轴承首先消除离合器自由间隙；然后推动分离杠杆内端向前移动，分离杠杆外端便拉动压盘向后移动，解除对从动盘的压紧力，摩擦作用消失，中断动力传递，如图 1-2-16 所示。

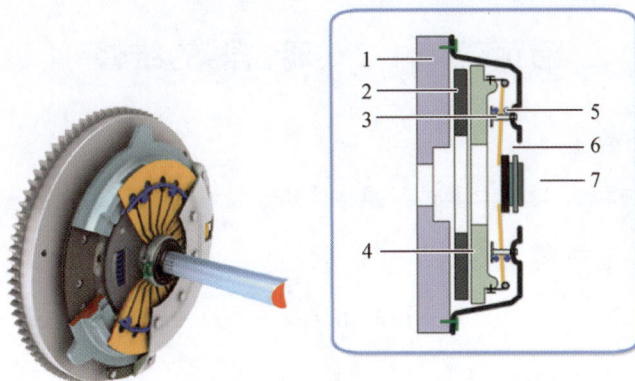

1—飞轮；2—从动盘；3—支撑销；4—压盘；5—支撑环；
6—膜片弹簧；7—分离轴承。

图 1-2-16　膜片弹簧离合器分离状态

（3）接合过程。

当需要恢复动力传递时，驾驶员缓慢抬起离合器踏板，分离轴承减小对膜片弹簧内端的压力；压盘在压紧弹簧的作用下向前移动，并逐渐压紧从动盘，接触面间的压力逐渐增大，相应的摩擦力矩也逐渐增大。当飞轮、压盘和从动盘接合还不紧密时，主、从动部分可以不同步旋转，即离合器处于打滑状态。随着飞轮、压盘和从动盘压紧程度的逐步加大，离合器主、从动部分转速也渐趋相等，直至离合器完全接合而停止打滑，结合过程结束，如图 1-2-17 所示。

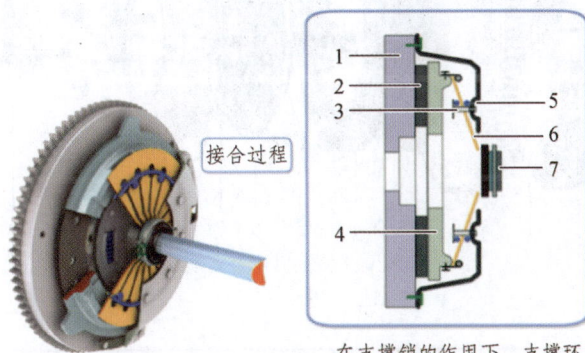

接合过程

在支撑销的作用下，支撑环压向膜片弹簧使之发生形变，膜片弹簧近乎于压平状态。膜片弹簧的边缘对压盘产生压紧力，使离合器处于结合状态

1—飞轮；2—从动盘；3—支撑销；4—压盘；5—支撑环；
6—膜片弹簧；7—分离轴承。

图 1-2-17　膜片弹簧离合器结合过程

活页工单 1-2　离合器的维修

【接受工作任务】

根据给定的轿车，对离合器进行结构认知，并对主要零部件进行拆卸和装配。

【制定任务实施方案】

分组查阅维修手册，认识离合器的结构及工作原理，为维护与保养准备。

一、任务分工

每四位同学成一组，以品牌轿车为例，按照企业岗位操作规范对离合器进行拆装作业。每组作业时间为 60 min。

二、任务实施

1. 结构认知

回顾膜片弹簧离合器的结构，说出如图 1-2-18 所示各编号所代表的零件名称。

图 1-2-18　膜片弹簧离合器

2. 专用工具

DT-50548 双离合器总成拆卸工具/安装工具。

3. 拆卸离合器压盘和从动盘

（1）拆卸直接档离合器毂，如图 1-2-19 所示。

（2）拆卸主轴轴承护圈。

如图 1-2-20 所示。

① 使用两个带垫圈的短螺栓和 1 个带垫圈和螺母的长螺栓，将 DT-50548-1 压装器安装至离合器壳体。DT-50548-1 压装器支腿应大约相隔 120°。

② 使用 DT-50548-2 安装工具按压轴承护圈。按下直到获得足以拆下轴承护圈的间隙。在 DT-50548-1 压装器中心螺栓上施加的扭矩不要超过 11.6 N·m。

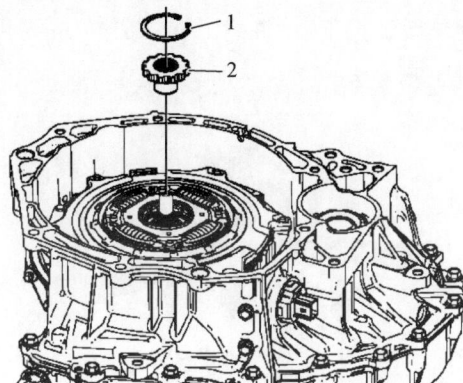

1—主轴承护圈；2—直接挡离合器。

图 1-2-19　直接挡离合器毂拆卸

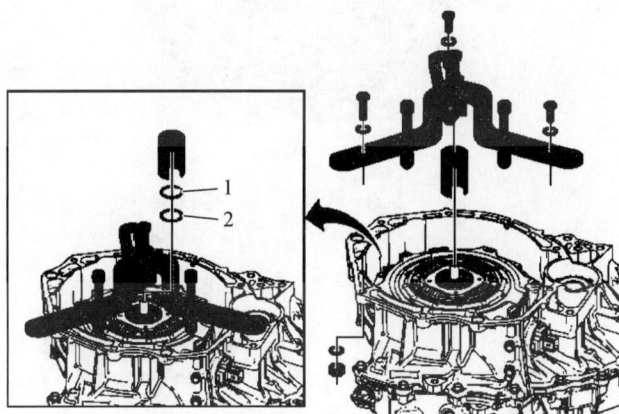

1—主轴轴承护圈；2—输入轴轴承垫片。

图 1-2-20　主轴轴承护圈拆卸

③ 当轴承向空心轴按下获得足以拆下护圈的间隙时，将施加在 DT-50548-1 压装器中心螺栓上的扭矩降低至 3 N·m，并用手紧固 3 个固定螺丝，使离合器处于压紧状态。

④ 拆下 DT-50548-2 安装工具。

⑤ 使用卡环钳拆下主轴轴承护圈。

⑥ 松开固定螺丝并拆下 DT-50548-1 压装器。

（3）拆卸压盘和从动盘。

① 将 3 个 DT-50548-5 双面隔片安装至离合器压盘和从动盘间隔 120°的带螺纹凸台。

② 将 DT-50548-1 压缩工具安装至 DT-50548-5 隔片。

③ 将螺母安装到 DT-50548-5 隔片上并用手紧固，使隔片与压缩工具固定在一起。

④ 将 DT-50548-3 安装工具安装至空心轴肩，如图 1-2-21 所示。

⑤ 将 DT-50548-1 压器的中心螺栓与 DT-50548-3 安装工具的上凸台对准，紧固以将离合器总成从空心轴拉出，如图 1-2-22 所示。

⑥ 将工具从离合器总成上拆下。（注意：DT-50548-5 隔片较大直径的螺纹应穿过 DT-50548-1 压装器上的槽）

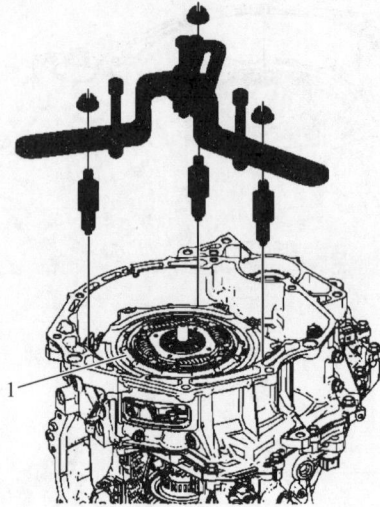

1—压盘和从动盘。

图 1-2-21　拆卸工具的安装

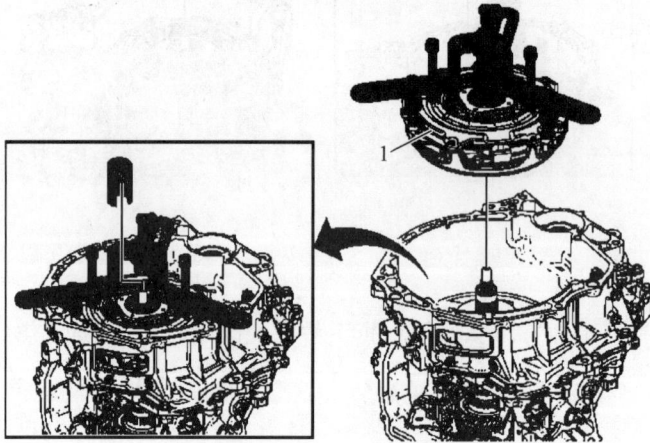

图 1-2-22　拆下压盘和从动盘

4. 安装离合器压盘和从动盘

（1）安装压盘和从动盘。

① 清除离合器总成花键上的旧滑脂。

② 在离合器总成花键上均匀涂抹一薄层新滑脂。参见黏合剂、油液、润滑剂和密封胶。

③ 安装离合器压盘和从动盘。

④ 将 DT-50548-4 保护套安装到实心输入轴上。

⑤ 安装 DT-50548-2 安装工具。

⑥ 使用两个带垫圈的短螺栓和 1 个带垫圈和螺母的长螺栓，安装 DT-50548-1 压

装器。压装器支腿应大约间隔 120°。

⑦ 将 DT-50548-1 压装器的中心螺栓与 DT-50548-2 安装工具的上凸台对准。

⑧ 将 DT-50548-1 压装器中心螺栓紧固（最大 12 N·m），将离合器总成压装在空心轴上。

⑨ 离合器总成轴承就位后，将中心螺栓拧松至 3 N·m，并用手紧固 3 个固定螺丝以使离合器处于压紧状态，如图 1-2-23 所示。（紧固 3 个固定螺丝之前如果没有拧松中心螺栓，会损坏离合器中心盘轴承）

⑩ 拧松 DT-50548-1 压装器的中心螺栓，拆下 DT-50548-2 安装工具。

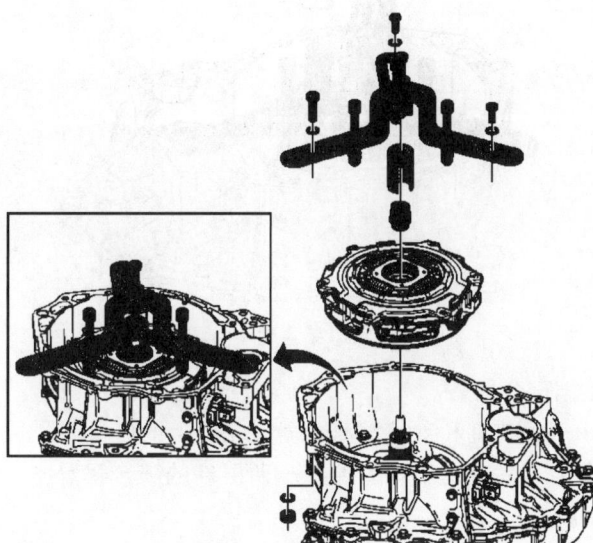

图 1-2-23　安装压盘和从动盘

（2）安装主轴轴承护圈（见图 1-2-24）。

（注意：确保 DT-50548-2 安装工具的间隙与主轴轴承护圈开口呈 180°，否则可能会损坏护圈）

① 将 DT-50548-4 保护套安装到实心输入轴上。

② 用手将新的主轴轴承护圈压装在 DT-50548-4 保护套上面，直到护圈就位于输入轴的槽内。

③ 一旦主轴轴承护圈就位，必须将离合器拉回，紧靠新安装的卡环。

④ 拆下 DT-50548-4 保护套和 DT-50548-2 安装工具。

⑤ 松开 DT-50548-1 压装器上的固定螺丝，并拆下压装器。

⑥ 检查主轴轴承护圈以确保其完全就位于卡环槽内。

⑦ 将 3 个 DT-50548-5 双面隔片安装至离合器压盘和从动盘间隔 120°的带螺纹凸台。

⑧ 将 DT-50548-1 压缩工具安装至 DT-50548-5 隔片。

⑨ 将螺母安装到 DT-50548-5 隔片上并用手紧固，使隔片与压缩工具固定在一起。

⑩ 将 DT-50548-3 安装工具安装至空心轴肩。

⑪ 将 DT-50548-1 压装器中心螺栓与 DT-50548-3 安装工具的上凸台对准并紧固（最大 11.6 N·m），将离合器拉紧在新安装的卡环上。

⑫ 拆下这些工具。

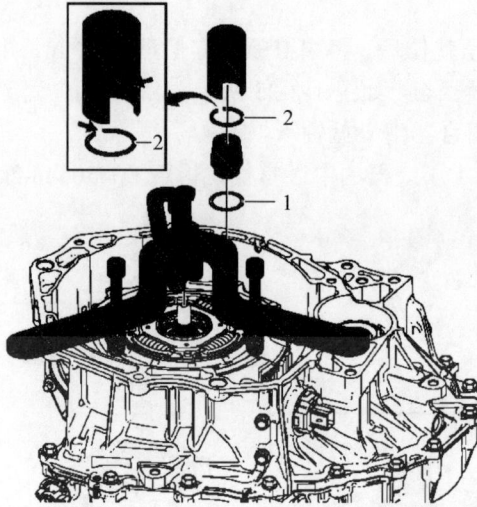

图 1-2-24　装主轴轴承护圈

（3）安装直接挡离合器毂。

① 清除实心输入轴花键和直接挡离合器毂花键上的旧滑脂。

② 在直接挡离合器毂花键上均匀涂抹一薄层新的离合器滑脂。参见黏合剂、油液、润滑剂和密封胶。

（注意：确保将毂安装在正确方位；毂的齿端应朝上）

三、异常情况处理办法

【任务考核】

项目一　传动系统的结构与维修		
任务二　离合器的结构与维修		
姓名		组别
班级		学号
题型	考核题目	得分
单选	（1）离合器主动部分不包括（　　）。 A. 压盘　　　B. 飞轮　　　C. 摩擦片　　　D. 离合器盖 （2）下列有关离合器的传动顺序正确的是（　　）。 A. 飞轮、离合器壳、压盘、离合器片、变速器输入轴 B. 飞轮、压盘、离合器盖、离合器片、变速器输入轴 C. 飞轮、离合器片、压盘、变速器输入轴 D. 飞轮、离合器壳、离合器片、压盘、变速器输入轴 （3）离合器从动盘安装在（　　）上。 A. 发动机曲轴　　　　　　B. 变速器输入轴 C. 变速器输出轴　　　　　D. 变速器中间轴 （4）离合器分离不彻底故障原因有（　　）。 A. 离合器踏板行程故障，液压系统故障 B. 离合器总成故障，分离套与分离轴承故障 C. 从动盘毂与花键轴运动卡滞 D. 以上三项都是	
判断	（1）离合器安装在发动机与手动变速器之间。（　　） （2）离合器扭转减振器中的弹簧，在汽车正常行驶时不受力。（　　） （3）随着从动盘磨损的增大，离合器踏板自由行程也会跟着变大。（　　） （4）目前最常用的是周布弹簧离合器。（　　） （5）摩擦片沾油或磨损过甚会导致离合器打滑。（　　）	
总　　分		

任务三 手动变速器的维修

【情境导入】

车主王先生驾驶一辆手动挡轿车，该车不能顺利挂入挡位，并在挂挡时伴随着发出齿轮撞击声。4S 店维修技师经过检查确认离合器技术状况良好，需对手动变速器进行检测。

接车与填写接车问诊表

接 车 问 诊 表		
车牌号： 车架号：		行驶里程：　　　　（km）
用户名： 电话：		来店时间：
用户陈述及故障发生时的状况：挂挡不顺利，时有打齿声音		
故障发生状况提示：行驶速度、发动机状态、发生频率、发生时间、部位、天气、路面状况、声音描述		
接车员检测确认建议：检查手动变速器		
车间检测确认结果及主要故障零部件：		
车间检查确认者：		
外观确认： （请在有缺陷部位作标识）		功能确认：（工作正常 √ 不正常×） □音响系统 □门锁（防盗器）□全车灯光 □工具　　　 □后视镜　　 □天窗 □座椅 □点烟器　　 □玻璃升降器　　□玻璃 物品确认：（有√　　无×） 贵重物品提示 □工具　　　　　□备胎 □灭火器　　　　□其他 （　　　　　　　） 旧件是否交还用户 □是　□否 用户是否需要洗车 □是　□否

· 检测费说明：本次检测的故障如用户在本店维修，检测费包含在修理费用内；如用户不在本店维修，请您支付检测费。本次检测费：￥　　　　元。

· 贵重物品：在将车辆交给我店检查修理前，已提示将车内贵重物品自行收起并保存好，如有遗失恕不负责。

接车员： 　　　　　　　　　　　　　　用户确认：

【信息分析】

查阅相关资料，尝试回答如下问题。

（1）手动变速箱由哪些零部件组成？

（2）手动变速箱的作用是什么？

（3）手动变速箱是如何工作的？

【信息收集】

一、变速器的功用

由于汽车采用的发动机力矩变化范围较小，而实际行驶的道路条件非常复杂，要求汽车的牵引力和行驶速度必须能够在相当大的范围内变化。此外，由于内燃机的曲轴始终向同一方向转动，而汽车实际行驶过程中常常需要倒车，因此为了解决这一矛盾，变速器添加到了汽车传动系统中。其功用如下：

（1）改变传动比，扩大驱动力和速度变化范围，适应路况和行驶条件，使发动机在最有利的条件下工作。

（2）不改变发动机旋转方向的前提下，实现倒向行驶。

（3）中断发动机向驱动轮的动力传递。

二、手动变速器换挡的实现方式

1. 滑动齿轮换挡方式

直齿滑动式换挡齿轮与轴通过花键相连接，在空挡情况下，与另一齿轮并不啮合。挂挡时，直接移动滑挡齿轮与另一个齿轮啮合即可，如图1-3-1所示。这种换挡方式使换挡冲击大、齿轮易磨损，同时参与工作的齿轮数少，高强度下易断齿。

2. 接合套换挡方式

这种换挡装置用于斜齿轮传动（参与工作齿轮数多，工作平稳）的挡位，如图

1-3-2 所示。接合套式换挡装置由于其接合齿短，换挡时拨叉移动量小，故操作较轻便，且换挡承受冲击的面积增加，换挡时冲击减小，换挡元件的寿命长。

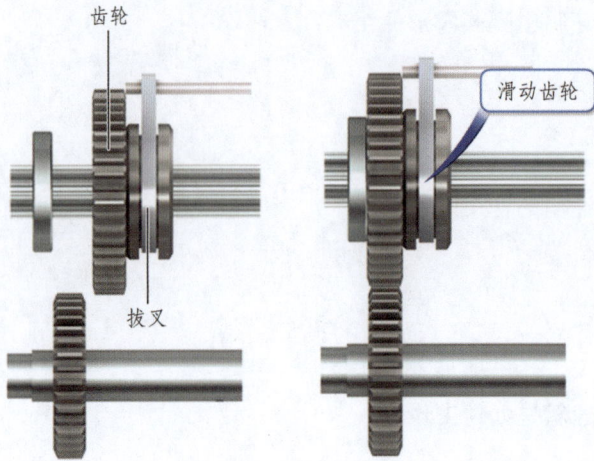

齿轮

滑动齿轮

拨叉

图 1-3-1　滑齿换挡

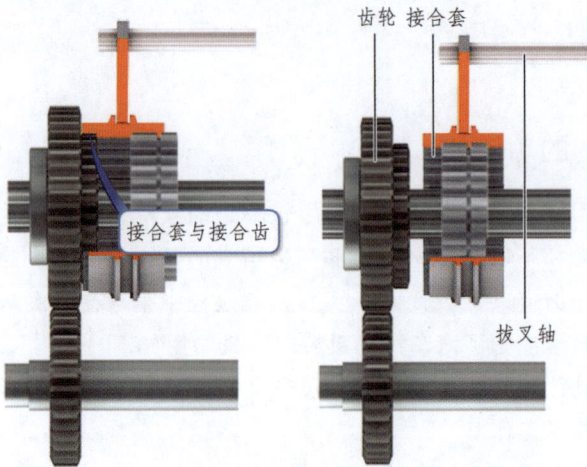

齿轮 接合套

接合套与接合齿

拨叉轴

图 1-3-2　接合套换挡

3. 同步器换挡方式

　　同步器式换挡装置是在接合套式换挡装置的基础上又加装了同步元件而构成的一种换挡装置，如图 1-3-3 所示。它可以保证在换挡时使接合套与待啮合齿圈的圆周速度迅速相等，即迅速达到同步状态，并防止两者在同步之前进入啮合，从而消除换挡时的冲击，并使换挡操纵简单，无须用脚离合。目前大部分手动变速箱采用同步器换挡方式。

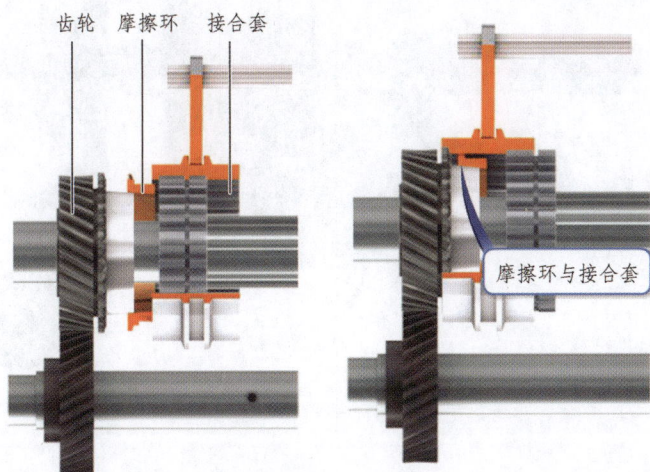

齿轮　摩擦环　接合套

摩擦环与接合套

图 1-3-3　同步器换挡

三、手动变速器的结构及工作原理

1. 主要结构

手动变速器主要包含两轴式和三轴式两种，目前大部分轿车都采用两轴式变速器，主要由第一轴（即动力输入轴）、第二轴（即动力输出轴）、倒挡轴、各挡齿轮及变速器壳体等构成，如图 1-3-4 所示。

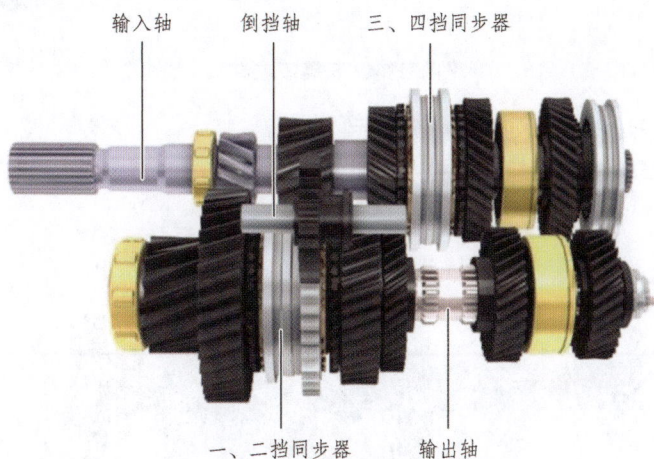

输入轴　　　　倒挡轴　　　三、四挡同步器

一、二挡同步器　　　输出轴

图 1-3-4　两轴式手动变速器机构组成

2. 传动原理

（1）一挡传递路线，如图 1-3-5 所示。

输入轴→一挡主动齿轮→一挡从动齿轮→一二挡同步器→输出轴。

（2）二挡传递路线，如图 1-3-6 所示。

输入轴→二挡主动齿轮→二挡从动齿轮→一二挡同步器→输出轴。

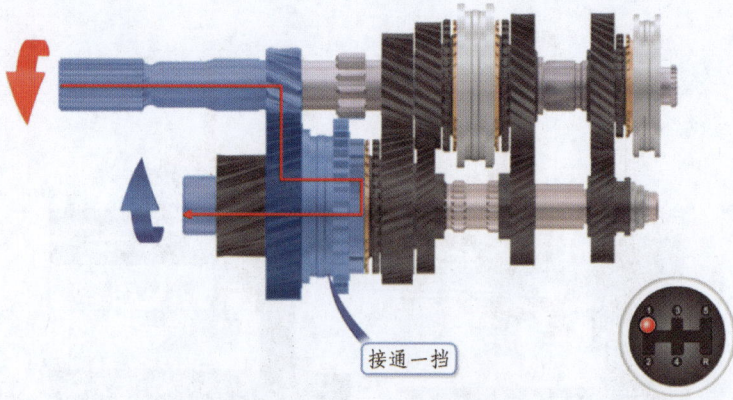

图 1-3-5 一挡传动路线

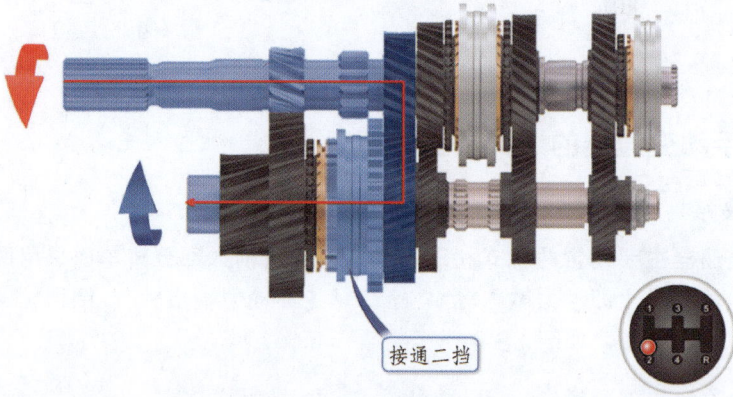

图 1-3-6 二挡传动路线

（3）三挡传递路线，如图 1-3-7 所示。

输入轴→三挡主动齿轮→三挡从动齿轮→三四挡同步器→输出轴。

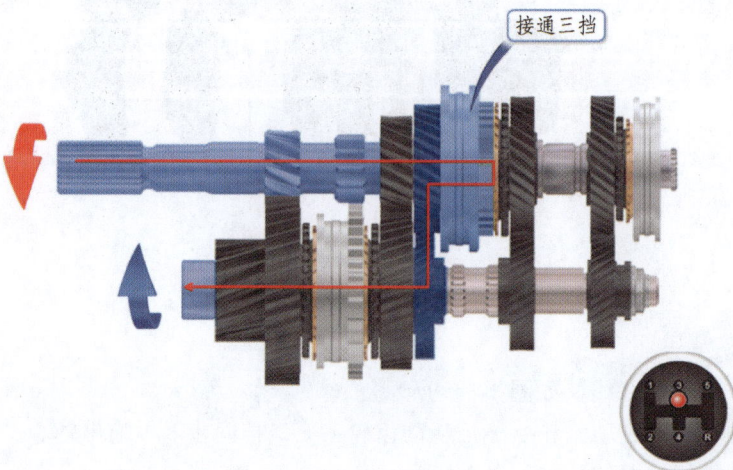

图 1-3-7 三挡传动路线

（4）四挡传递路线，如图 1-3-8 所示。

输入轴→四挡主动齿轮→四挡从动齿轮→三四挡同步器→输出轴。

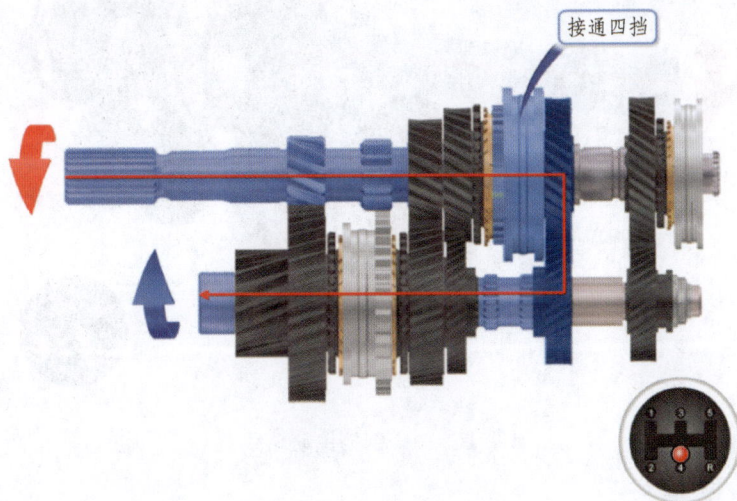

接通四挡

图 1-3-8　四挡传动路线

（5）五挡传递路线，如图 1-3-9 所示。

输入轴→五挡主动齿轮→五挡从动齿轮→四五挡同步器→输出轴。

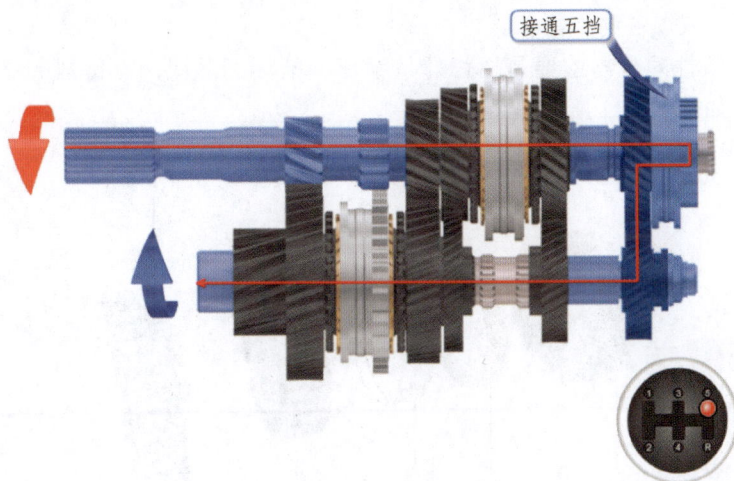

接通五挡

图 1-3-9　五挡传动路线

（6）倒挡传递路线，如图 1-3-10 所示。

输入轴→倒挡主动齿轮→倒挡惰轮→倒挡从动齿轮（三四挡同步器接合套）→
输出轴。

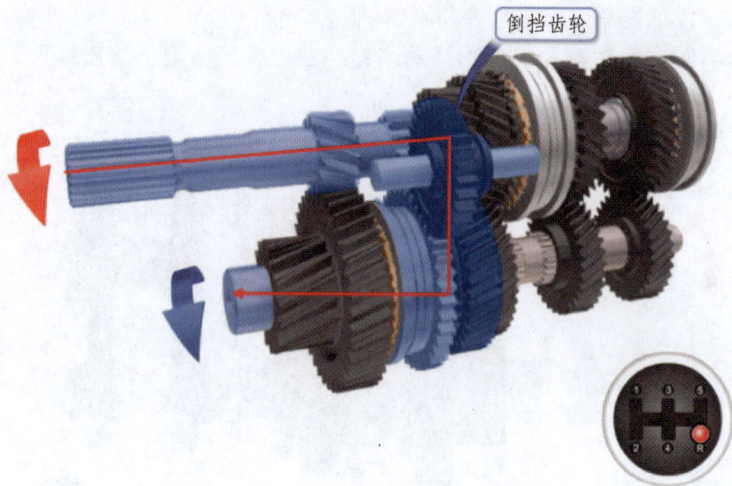

图 1-3-10　倒挡传动路线

3. 同步器

同步器的功用是使接合套与待啮合齿圈迅速同步，并阻止两者在同步前进入啮合，从而消除换挡时的冲击，缩短换挡时间，简化换挡过程，使换挡操作简捷轻便，并可延长变速器的使用寿命。同步器是利用摩擦原理实现同步的，当代汽车上广泛使用的是锁环式惯性同步器。

（1）锁环式惯性同步器。

锁环式惯性同步器主要是由齿轮、锁环、卡环、滑块、花键毂、结合套等组成。其结构如图 1-3-11 所示。

图 1-3-11　锁环式惯性同步器结构

（2）同步器结合过程。

① 第一步。

变速器操纵机构向左推动接合套，并通过定位销带动滑块一起向左移动。同时锁环与齿圈相接触，由于两者转速不相等，使得接合套的齿端与锁环齿端恰好抵住，如图 1-3-12 所示。

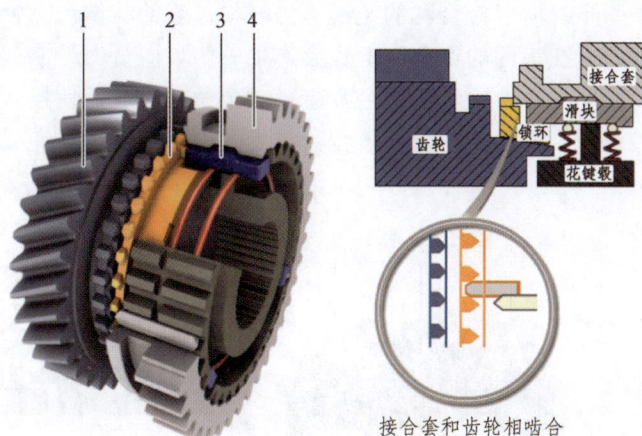

1—齿轮；2—锁环；3—滑块；4—接合套。

图 1-3-12 锁环式同步器结合过程（1）

② 第二步。

由于驾驶员始终对接合套施加一个轴向推力，故形成倒角斜面上的法向正压力和切向分力。切向分力形成一个试图拨动锁环相对于接合套向后倒转的拨环力矩。如图 1-3-13 所示。

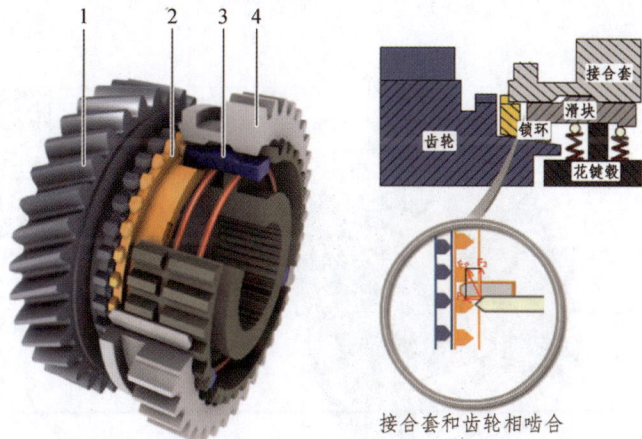

1—齿轮；2—锁环；3—滑块；4—接合套。

图 1-3-13 锁环式同步器结合过程（2）

③ 第三步。

只要驾驶员继续对接合套施加推力，使两个摩擦锥面之间靠静摩擦作用紧密结合在一起，在拨环力矩的作用下，接合套与锁环不再相抵触，而与锁环的花键齿圈进入啮合。如图 1-3-14 所示

④ 第四步。

当接合套与锁环进入啮合后，轴向力不再作用于锁环上，但由于接合套和待啮

合齿轮之间未同步，所以接合套的花键齿恰好与齿圈的花键齿发生抵触，则作用于接合套上的轴向力在齿圈的倒角面上也会产生一个切向分力，靠此切向分力便可拨动齿圈及其相联系的零件相对于接合套转过一个角度，从而使接合套与齿圈进入啮合，接合套转过一个角度，从而使接合套与齿圈进入啮合最终完成换挡过程。如图1-3-15 所示。

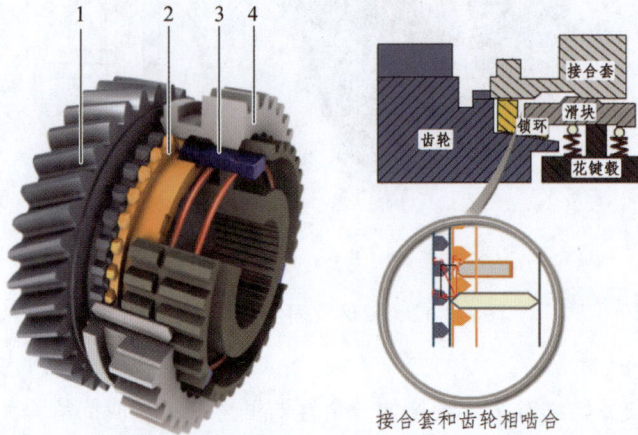

1—齿轮；2—锁环；3—滑块；4—接合套。

图 1-3-14　锁环式同步器结合过程（3）

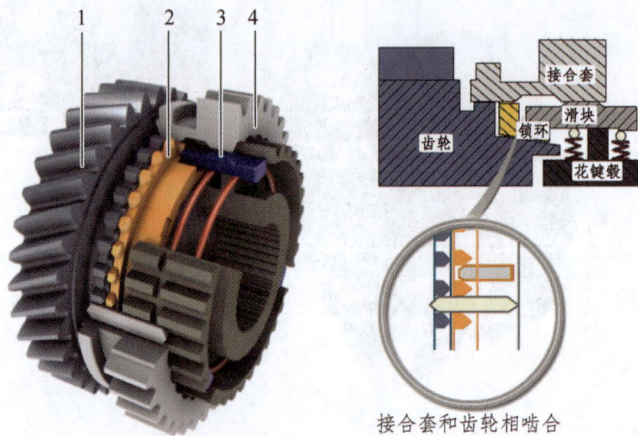

1—齿轮；2—锁环；3—滑块；4—接合套。

图 1-3-15　锁环式同步器结合过程（4）

活页工单 1-3　手动变速箱结构认识

【接受工作任务】

根据给定的轿车，在台架上对手动变速器进行结构认知。

【制定任务实施方案】

分组查阅维修手册，认识手动变速器的结构及工作原理，为维护与保养准备。

一、任务分工

每四位同学成一组，以某品牌轿车为例，按照企业岗位操作规范对手动变速器进行拆装作业。每组作业时间为 60 min。

1. 结构认知

查阅维修手册，观察台架上的手动变速箱，指出变速器加油螺塞和放油螺塞分别在什么位置。

对变速器内的传动部件进行回顾，准确说出如图 1-3-16 ～ 图 1-3-20 所示不同编号零件的名称。

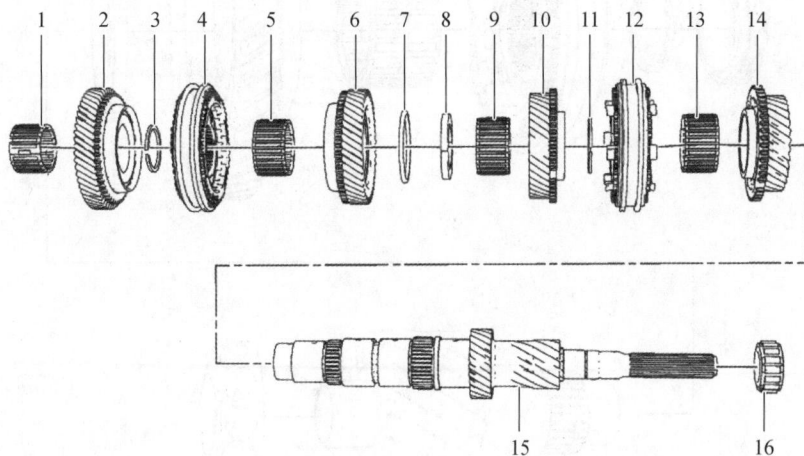

图 1-3-16　输入轴

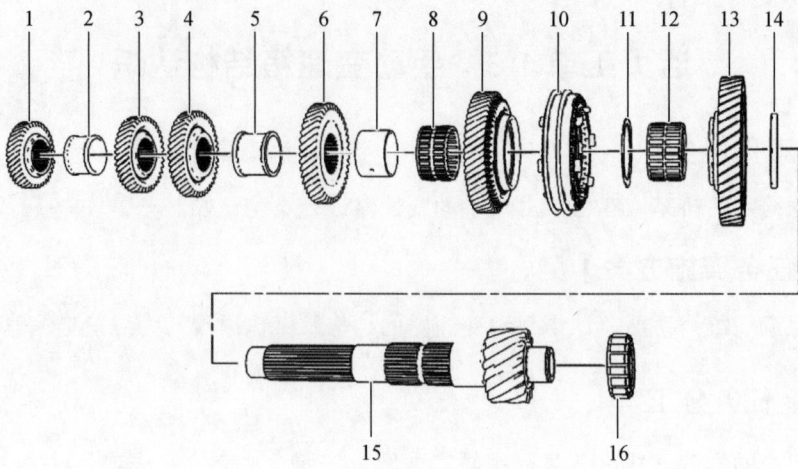

图 1-3-17　主轴

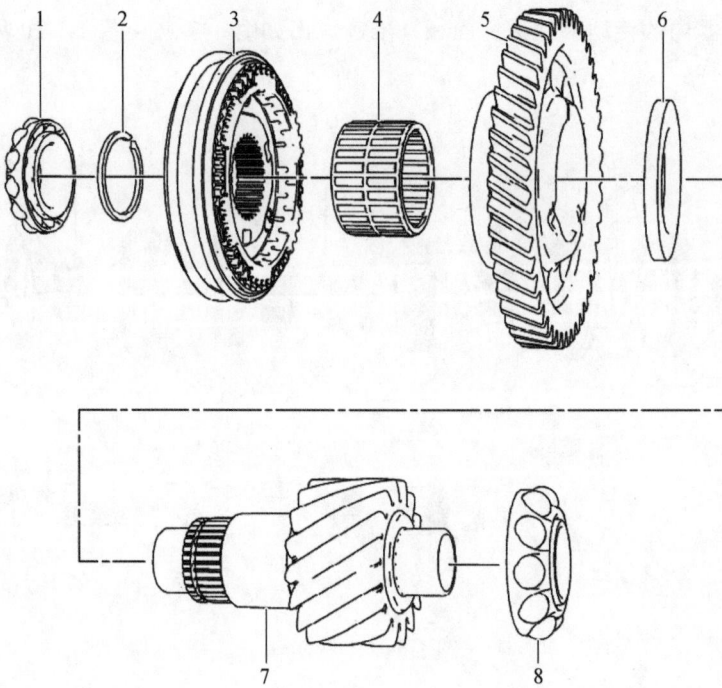

图 1-3-18　倒挡惰轮轴

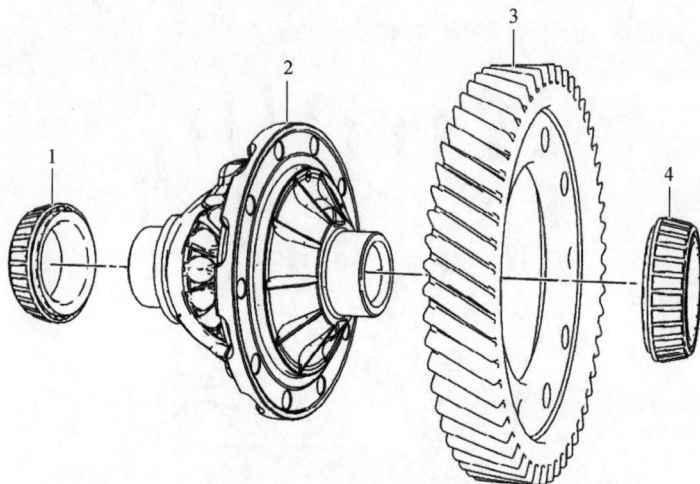

图 1-3-19　前差速器

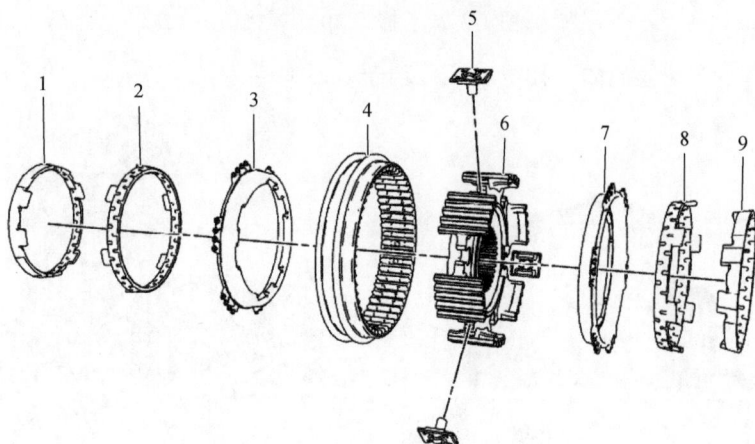

图 1-3-20　一挡和二挡齿轮同步器

2. 输入轴和主轴总成的拆解

（1）拆下并报废 7 个变速器壳体盖螺栓，如图 1-3-21 所示。

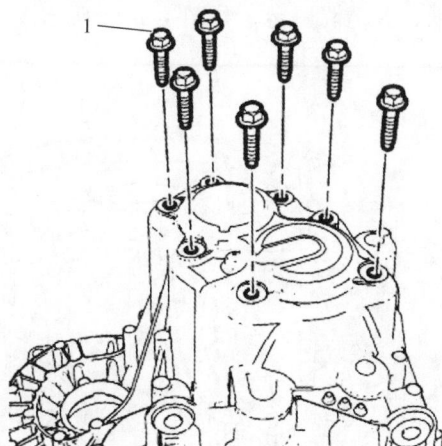

图 1-3-21　拆下 7 个螺栓

（2）拆下并报废 20 个变速器壳体螺栓，如图 1-3-22 所示。

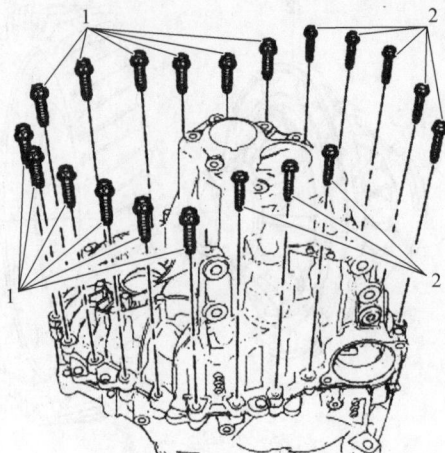

图 1-3-22　拆下 20 个螺栓

（3）拆下变速器壳体，如图 1-3-23 所示。

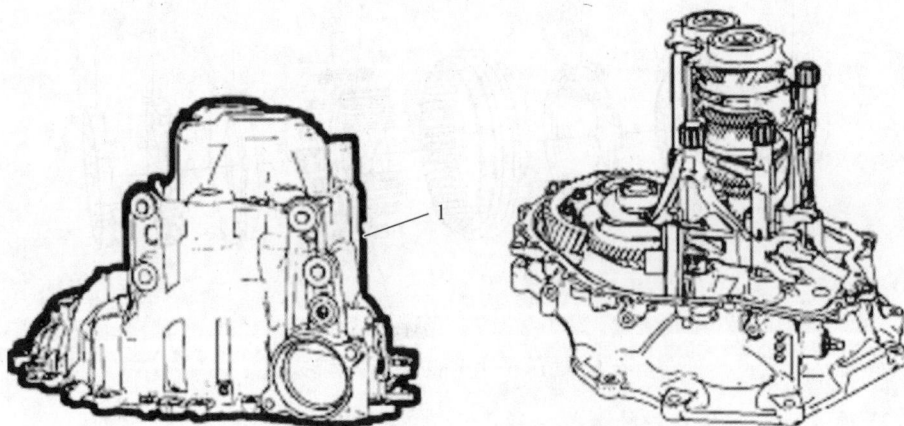

图 1-3-23　拆下壳体

（4）拆下变速器磁铁，并清除脏污，如图 1-3-24 所示。

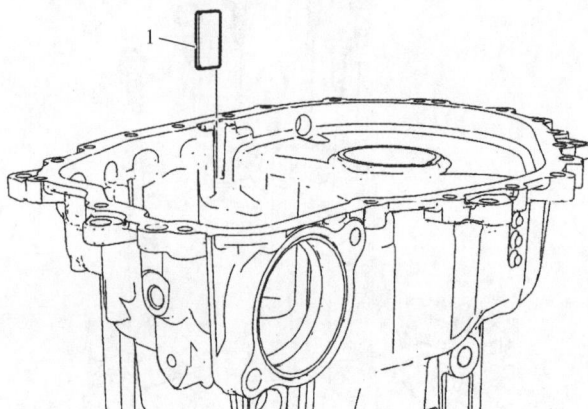

图 1-3-24　拆下磁铁

（5）拆下变速器油槽，如图 1-3-25 所示。

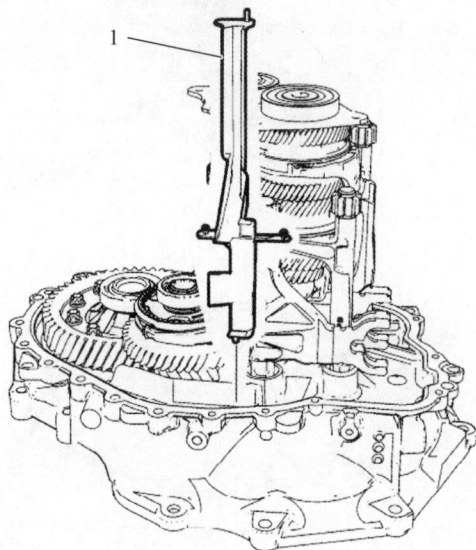

图 1-3-25　拆下油槽

（6）拆下倒挡中间齿轮轴（倒挡惰轮轴轴承滚珠有可能从倒挡惰轮轴掉下），如图 1-3-26～图 1-3-27 所示。

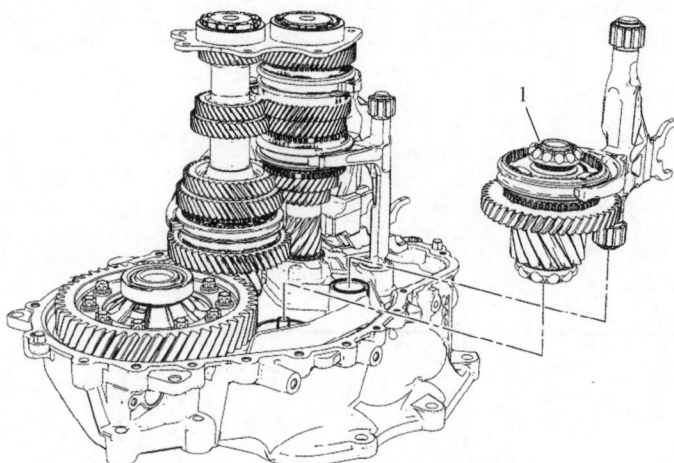

图 1-3-26　拆下倒挡中间齿轮轴（1）

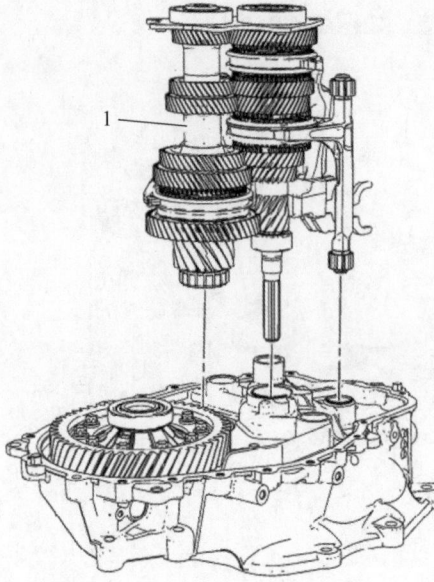

图 1-3-27　拆下倒挡中间齿轮轴（2）

二、异常情况处理办法

【任务考核】

项目一　传动系统的结构与维修		
任务三　手动变速器的维修		
姓名		组别
班级		学号

题型	考核题目	得分
单选	（1）手动变速器属于汽车底盘的（　　　）系统。 A. 行驶　　　　B. 制动　　　　C. 传动　　　D. 转向 （2）下列不属于同步器功用的是（　　　）。 A. 不需要"双离合"　　　　B. 换挡顺畅 C. 增加转矩　　　　　　　D. 减小齿 （3）下列哪一项不是造成变速器脱挡的原因？（　　　　） A. 自锁定位槽磨损　　　　B. 拨叉变形 C. 定位弹簧弹力不足　　　D. 同步器接合套磨损 （4）汽车变速器的定位锁止装置一般有（　　　）种。 A. 四　　　　B. 三　　　　C. 二　　　　D. 一	
判断	（1）手动变速器油位过低会导致挂挡困难。　　　　　　（　　　） （2）手动变速器的功用是改变传动比，扩大驱动轮转矩和转速的变化范围，以适应经常变化的行驶条件，如起步、加速、上坡等，同时使发动机在有利的工况下工作。　　　　　　（　　　） （3）交速操纵机构分为间接式换挡操纵机构和直接式换挡操纵机构。 　　　　　　（　　　） （4）常见的同步器有锁环式和锁销式。　　　　　　（　　　） （5）手动变速器，俗称"AT"。　　　　　　（　　　）	
总分		

任务四　自动变速器的维修

【情境导入】

车主王先生驾驶一辆自动挡轿车，该车有锁挡和失速现象。4S店维修技师经过初步分析判断，需要对自动变速器做进一步检查。

接车与填写接车问诊表

接 车 问 诊 表		
车牌号：　　　　　车架号：　　　　　　　　行驶里程：　　　　　　（km）		
用户名：　　　　　电话：　　　　　　　　　来店时间：		
用户陈述及故障发生时的状况：挂入 R 挡，松开刹车，车辆不移动		
故障发生状况提示：行驶速度、发动机状态、发生频率、发生时间、部位、天气、路面状况、声音描述		
接车员检测确认建议：检查自动变速器		
车间检测确认结果及主要故障零部件：		
车间检查确认者：		
外观确认： （请在有缺陷部位作标识）	功能确认：（工作正常√　不正常×） □音响系统　□门锁（防盗器）□全车灯光 □工具　　　□后视镜　　□天窗　□座椅 □点烟器　　□玻璃升降器　　□玻璃 物品确认：（有√　　无×） 贵重物品提示 □工具　　　　□备胎 □灭火器　　　□其他 （　　　　　　　　　） 旧件是否交还用户 □是　　□否 用户是否需要洗车 □是　　□否	
·检测费说明：本次检测的故障如用户在本店维修，检测费包含在修理费用内；如用户不在本店维修，请您支付检测费。本次检测费：¥　　　　元。 ·贵重物品：在将车辆交给我店检查修理前，已提示将车内贵重物品自行收起并保存好，如有遗失恕不负责。		
接车员：　　　　　　　　　　　　　用户确认：		

【信息分析】

查阅相关资料，尝试回答如下问题。

（1）自动变速箱有哪些类型，其各自的优缺点是什么？

（2）自动变速箱的作用是什么？

（3）自动变速箱是如何工作的？

【信息收集】

一、自动变速器概述

手动变速器具有效率高、工作可靠、结构简单等优点，但也存在换挡过程复杂、操作技能要求高、驾驶舒适性不高等缺点。因此，一些乘用车、客车以及高通过性的军用越野车采用了自动变速器。

自动变速器能根据车辆的行驶速度和驾驶员踩下的程度，自动实现换挡操作，增加了驾驶和乘车的舒适性，与手动变速器相比，自动变速器具有的优点如下。

1. 驾驶的便利性

车辆能够根据行驶速度和加速踏板的位置，自动地选择最合适的挡位，消除了人工操纵离合器和频繁地换挡，使驾驶变得简单而省力。

2. 提高了汽车的通过性

起步时驱动轮上的驱动轮转矩是逐渐增加的，减少了车轮的打滑，使起步容易，且换挡平稳。当行驶阻力很大时（如爬坡），因换挡时没有功率间断，汽车仍能以极低速度行驶，发动机不会熄火，因此，自动变速器对于提高汽车的通过性具有良好的效果。

3. 良好的自适应性

自动变速器能自动适应汽车驱动轮负荷的变化。当行驶阻力增大时，汽车自动降低车速，使驱动轮力矩增加；当行驶阻力减小时，会减小驱动力矩，增加车速。变矩器能在一定范围内实现无级变速，大大减少行驶过程中的换挡次数，有利于提高汽车的动力性和平均车速。

4. 提高发动机和传动系统的使用寿命

汽车采用自动变速器，可以有效降低传动系统的动载荷，使发动机和传动系统相关零部件的使用寿命大为提高。

二、自动变速器的主要类型

按照变速方式不同，自动变速器可分为有级式和无级式两种；按照传递动力的方式不同，可以分为液力式和机械式。当前常用的自动变速器有液力自动变速器（AT）、无级变速器（CVT）以及双离合自动变速器（DCT）等。

1. 液力自动变速器（AT）

AT由液力变矩器、行星齿轮组和液压操纵系统等组成，通过液力传递转矩，行程齿轮组实现变速。液力变矩器可在一定范围内自动无级地改变转矩比和传动比，以适应行驶阻力的变化。但是由于液力变矩器变矩系数小，不能完全满足汽车使用的要求，所以它必须与齿轮变速器组合使用，以扩大传动比的变化范围。目前，绝大多数液力自动变速器都采用行星齿轮系统作为辅助变速器。

行星齿轮系统主要由行星齿轮机构和执行机构组成，通过改变动力传递路线得到不同的传动比。由此可见，液力自动变速器实际上是能实现局部无级变速的有级变速器。液力自动变速器是目前使用最多的自动变速器。采用此种类型的自动变速器，免除了手动变速器繁杂的操作，使开车变得省力。同时，电子控制也使自动切换过程柔和、平顺，因此汽车具有良好的乘坐舒适性和安全性、优越的动力性和方便的操纵性。但这种变速器效率低，结构复杂，成本也较高。

2. 无级自动变速器（CVT）

机械式无级变速器（CVT）种类很多，有实用价值的仅有V形金属带式。金属带式无级变速器属摩擦式无级变速器，其传动与变速的关键件是具有V形槽的主动锥轮、从动锥轮和金属带，金属带安装在主动锥轮和从动锥轮的V形槽内。每个锥轮由一个固定锥盘和一个能沿轴向移动的可动锥盘组成，来自液压系统的压力分别作用在主、从动锥轮的可动锥盘上，通过改变作用于主、从动锥轮可动锥盘上液压力的大小，便可使主、从动锥轮传递转矩的节圆半径连续发生变化，从而达到无级改变传动比的目的。

机械式无级自动变速器传动比连续，传递动力平稳，操纵方便，同时因加速时无须切断动力，因此汽车乘坐舒适，超车加速性能好。特别值得一提的是，CVT可使发动机始终在其经济转速区域内运行，从而大大改善了燃油经济性。但与齿轮传动相比，其效率并不高，制造困难，价格也较高。

3. 双离合器自动变速器（DCT）

双离合自动变速器（DCT）基于手动变速箱基础之上，而与手动变速箱所不同的是，DCT中的两副离合器与两根输入轴相连，换挡和离合操作都是通过集成电子和液压元件的机械电子模块来实现，而不再通过离合器踏板操作。就像液力自动变速器一样，驾驶员可以手动换挡或将变速杆处于全自动D挡（舒适型，在发动机低速运行时换挡）或S挡（任务型，在发动机高速运行时换挡）模式。此种模式下的换挡通常由挡位和离合执行器实现。两副离合器各自与不同的输入轴相连。如果离合器1通过实心轴与挡位一、三、五相连，那么离合器2则通过空心轴与挡位二、

四、六和倒挡相连。通俗地说就是，这种变速箱形式就有两个离合器，一个控制一、三、五挡，一个控制二、四、六挡。使用一挡的时候二挡已经准备好了，所以换挡时间大大缩短，没有延时。

三、自动变速器的结构及工作原理

1. 行星齿轮自动变速器（AT）的结构与原理

（1）液力变矩器。

当今汽车采用的变矩器由泵轮、涡轮和带有单向离合器的导轮组成，如图1-4-1所示。为了提高传动效率，变矩器内还装有锁止离合器。锁止离合器的作用是当变矩器的工况满足一定条件时将泵轮和涡轮锁止（连为一体），从而减小能量损失。

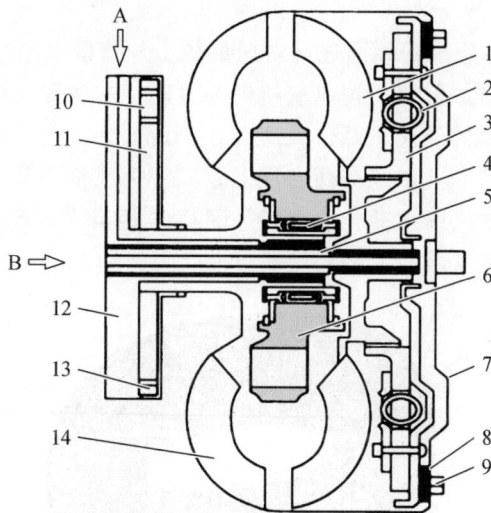

1—涡轮；2—减振弹簧；3—锁止离合器压盘；4—单向离合器；5—变速器输入轴；
6—导轮；7—变矩器壳体；8—摩擦片；9—螺栓；10—月牙板；
11—主动齿轮；12—油泵壳体；13—从动齿轮；14—泵轮。

图 1-4-1　液力变矩器

泵轮与变矩器壳体连为一体，为主动件。变矩器壳体用螺栓与曲轴后端连接板相连，随同曲轴等速转动。泵轮内部布满了叶片，其作用是带动油液有规律流动而形成环流，以便将动力传递给涡轮。

涡轮是变矩器的从动件，为变矩器的动力输出端。涡轮通过花键与变速器输入轴相连接。涡轮内部也设有许多叶片，其作用是承受来自泵轮的液流的冲击，并使液流的能量被涡轮吸收。

导轮装于泵轮和涡轮之间。导轮四周也布满了叶片，呈轮辐状结构。导轮叶片有一定倾角，其作用是当液流冲击叶片时，给液流一个反作用力，从而实现涡轮增矩的作用。当今汽车变矩器的导轮均装有单向离合器。当涡轮转速较高，液流由涡轮内侧回流冲击导轮叶片时，流向与涡轮旋转方向相同，回流油液冲击在导轮叶片的背面，液柱已经起不到增矩的作用。此时的导轮叶片不但没能起到增矩的作用，反而使紊流加强、能量损失增加。加装单向离合器后，当涡轮转速与泵轮接近，导轮会空转，这就减小了紊流损失，此时的液力变矩器相当于一个耦合器。

锁止离合器的作用就是适时将泵轮和涡轮连为一体。汽车在起步和增挡提速过程中要克服较大的阻力，这时需要变矩器降速增矩。当汽车达到较高车速，变矩器的增矩作用已不明显。此时为了降低液力损失，通过锁止离合器将泵轮和涡轮机械地连为一体，可有效提高传动效率。锁止离合器压盘带有扭转减振器，内孔有花键与涡轮花键相配。压盘端面带有摩擦片，锁止离合器接合时摩擦片与变矩器端面接触并被压紧，完成涡轮和变矩器壳体的连接。锁止离合器工作受自动变速器 ECU 控制。当满足锁止条件时，ECU 向变矩器锁止电磁阀发出锁止指令，锁止电磁阀为变矩器锁止阀供油，使其位置发生改变，从而改变变矩器的供油和回油路径，完成变矩器的锁止过程。

液力变矩器的工作原理可以通过一对风扇的工作情景来描述。如图 1-4-2 所示，将两个相同的风扇相对放置，左边风扇接电为主动，右边风扇断电为从动，左边风扇的转速大于右边风扇的转速，两台风扇存在一定的转速差，左边风扇叶轮转动就会推动右边风扇叶轮转动。如果在两台风扇之间加上风量的集中导索，两者之间的转速差就会相应减少。风扇 A 相当于泵轮，风扇 B 相当于涡轮，空气通道相当于导轮，空气相当于自动变速器油（ATF）。

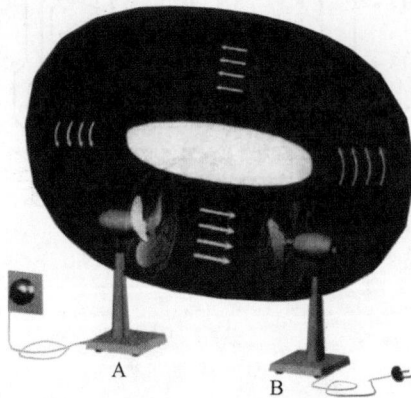

图 1-4-2　风扇模拟液力变矩器场景

当发动机运转时，飞轮带动液力变矩器壳体旋转，壳体带动泵轮旋转，泵轮的叶片将 ATF 带动起来，在离心力的作用下，ATF 被甩向泵轮叶片外缘处，并在外缘处冲向涡轮叶片。如果作用在涡轮叶片上的冲击力大于作用在涡轮上的阻力，涡轮将开始转动，冲向涡轮叶片的液压油沿涡轮叶片向内缘流动，涡轮转动使机械变速器的输入轴一起转动。由涡轮叶片流出的 ATF 经过导轮后再流回到泵轮，形成如图 1-4-3 所示的循环流动。

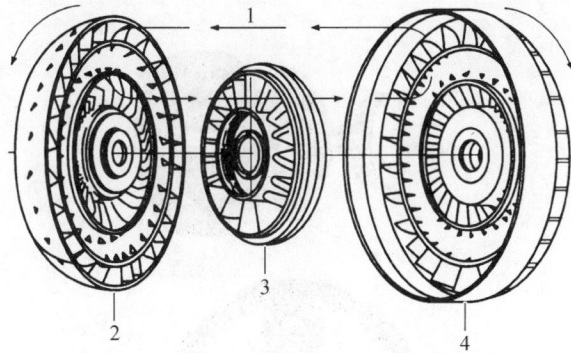

1—流动方向；2—涡轮；3—导轮；4—泵轮。

图 1-4-3　ATF 在液力变矩器中的循环

（2）行星齿轮变速器。

液力变矩器虽然能在一定范围内自动、无级地改变转矩比和传动比，但存在着变矩能力与效率之间的矛盾。目前液力变矩器的变矩系数都不大，难以满足汽车行驶的需求，故汽车广泛采用液力变矩器与齿轮变速器组成的液力机械式变速器。自动变速器的齿轮传动机构具有空挡、倒挡和多个不同速比的前进挡（目前已达到 10个挡）。与变矩器配合使用的齿轮式变速器多是行星齿轮系，也有固定轴线式齿轮变速器。固定轴线式即普通式齿轮自动变速器主要是部分日系车在使用，目前绝大多数汽车自动变速器的齿轮传动机构都是行星齿轮机构。行星齿轮式变速机构由行星齿轮机构和换挡执行元件两部分组成。行星齿轮机构主要是指串联在一起的多个行星齿轮排，其作用是提供不同的传动比以供选择；换挡执行元件主要是指变速器内的离合器、制动器、单向离合器等，用于限制或约束行星齿轮机构中各元件的运动状态，进而改变传动比，实现换挡目的。

行星齿轮机构由太阳轮、行星轮、行星齿轮架（简称行星架）、齿圈等组成，行星轮支撑在行星架上，称为一个行星排，如图 1-4-4 所示。行星齿轮机构中的太阳轮、齿圈及行星架有一个共同的固定轴线，行星齿轮支撑在固定于行星架的行星齿轮轴上，并同时与太阳轮和齿圈啮合。在行星排中，具有固定轴线的太阳轮、齿圈和行星架称为行星排的 3 个基本元件。

根据太阳轮和齿圈之间的行星齿轮组数的不同，行星齿轮机构可以分为单级行星齿轮和双级行星齿轮两种。单级行星齿轮在太阳轮和齿圈之间有一组行星轮，同时与太阳轮和齿圈啮合。双行星齿轮机构在太阳轮和齿圈之间有两组相互啮合的行星齿轮，其外面一组行星齿轮与齿圈啮合，里面一组行星齿轮与太阳轮啮合。与单行星轮机构在其他条件相同的情况下相比，齿圈可以反向转动。

用行星齿轮机构作为变速机构，由于有多个行星齿轮同时传递动力，而且常采用内啮合方式，充分利用了齿圈内部空间，故与普通齿轮变速机构相比，在传递同样功率的条件下，可以大大减小变速机构的尺寸和质量，并可实现同向、同轴减速传动，另外由于采用常啮合传动，动力不间断，因此加速性好，工作可靠。

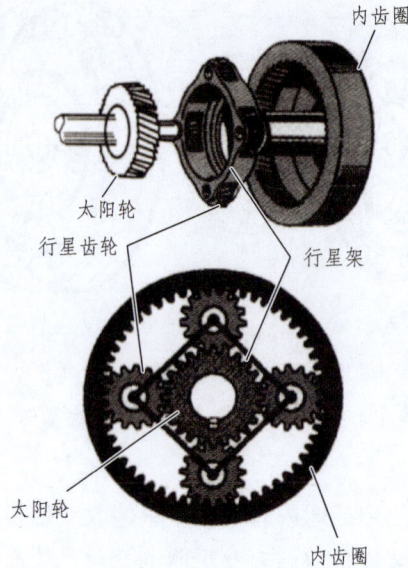

图 1-4-4　行星齿轮机构

2. 双离合自动变速器（DCT）的结构与原理

DCT 是英文 Dual Clutch Transmission 的缩写，因为具有两组离合器，所以也称为双离合变速器。双离合变速箱起源于赛车运动，它最早应用于 20 世纪 80 年代的部分赛车，已经有 40 余年的历史，在技术方面已经非常成熟。

双离合是在手动变速箱的基础上发展而来，和手动变速箱有类似之处，从结构上来讲，双离合变速箱比手动变速箱多了一个离合器和一个换挡控制机构。如图 1-4-5 所示，奇数挡位（一、三、五）和偶数挡位（二、四、六）是由左边的两套离合器分开控制的。一挡输出齿轮与接合套啮合，奇数挡位的离合器处于结合状态，同时二挡输出齿轮与接合套也已经处于啮合状态（为从一挡换到二挡做好准备）。在一挡状态下，车速达到二挡车速时，换挡控制机构松开奇数挡位的离合器，同时压紧偶数挡位的离合器，由于此前二挡已经准备就绪（即二挡输出齿轮和接合套已经提前啮合），就能很快地从一挡换到二挡。同时，一挡输出齿轮与接合套退出啮合，三挡输出齿轮与接合套啮合，为下一步从二挡换到三挡做准备。

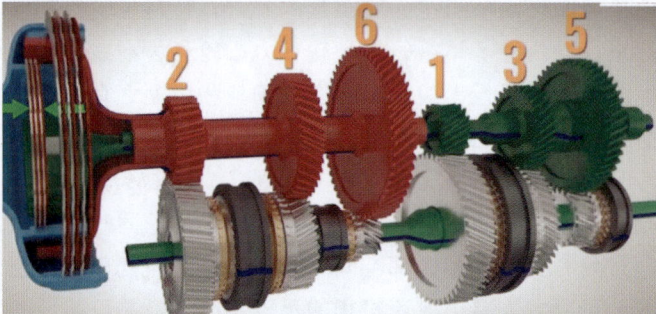

图 1-4-5　双离合变速器（DCT）的结构

双离合自动变速器仍然是依靠齿轮进行动力传递的，所以传动效率还是较高的，在换挡时，下一个挡位能提前做好啮合，缩短了由于换挡造成的动力中断时间，提高了换挡效率。

同时由于 DCT 换挡效率高，如果堵车时频繁起停，变速箱会频繁在挡位之间来回切换，容易造成齿轮温度过快升高，对变速箱伤害较大。这种问题在干式双离合中相对比较严重，湿式双离合能有效避免温升过高的问题。

活页工单 1-4　自动变速器的维修

【接受工作任务】

根据给定的轿车，在台架上对自动变速器进行结构认知。

【制定任务实施方案】

分组查阅维修手册，认识自动变速器的结构及工作原理，为维护与保养准备。

一、任务分工

每四位同学成一组，以某品牌轿车为例，按照企业岗位操作规范对自动变速器进行拆装作业。每组作业时间为 60 min。

1. 自动变速器（AT）的结构认知训练

（1）结构认知。

查阅维修手册，回顾 AT 的结构组成，准确说出如图 1-4-6 ~ 图 1-4-10 所示不同编号零部件的名称。

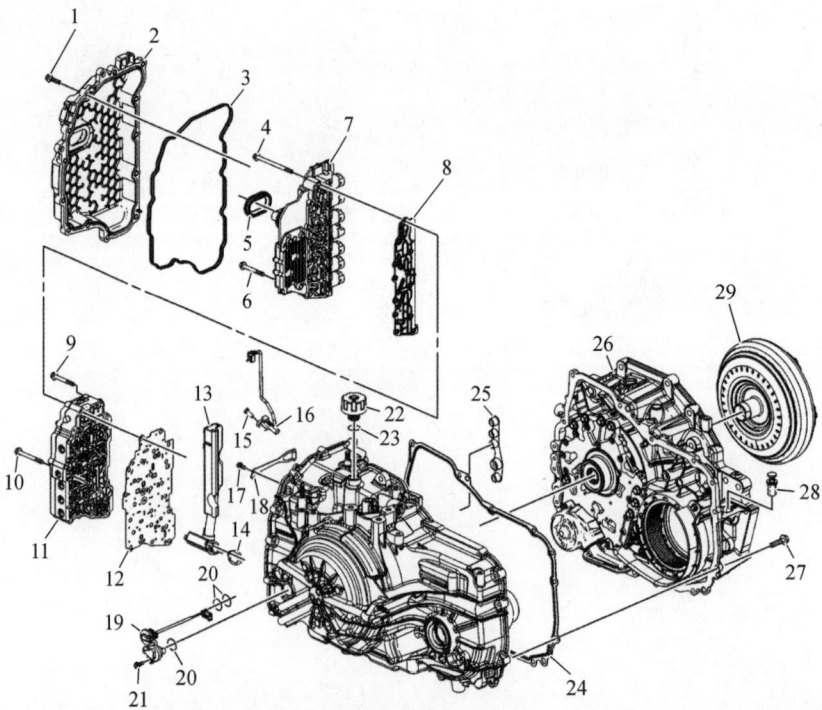

图 1-4-6　自动变速器（AT）的零部件图

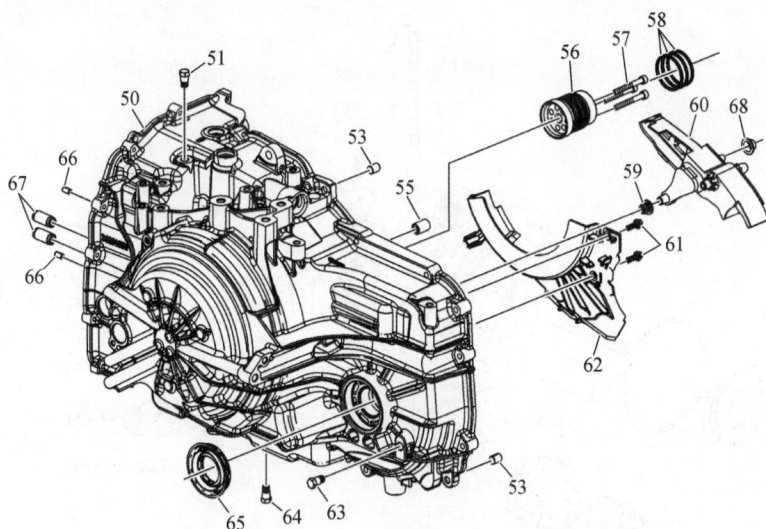

图 1-4-7　壳体总成（AT）

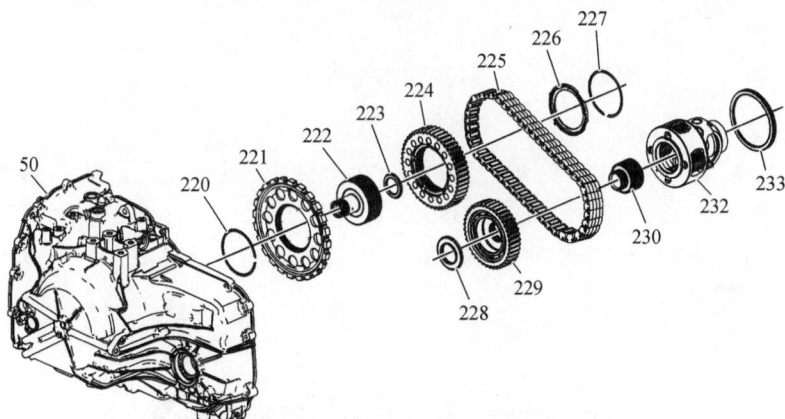

图 1-4-8　传动系统总成（AT）

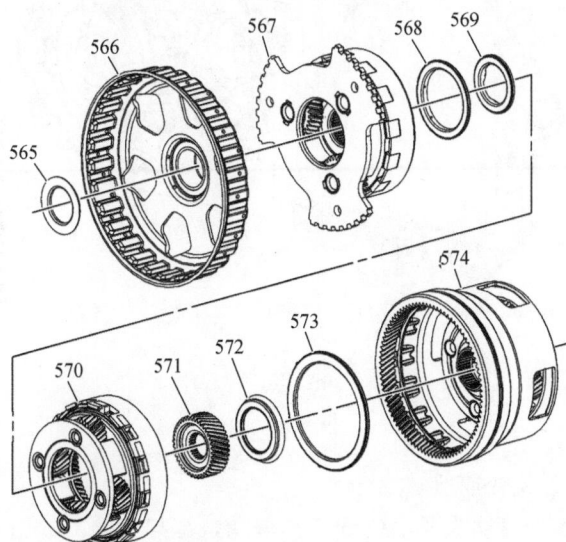

图 1-4-9　输入、输出和反作用齿轮组

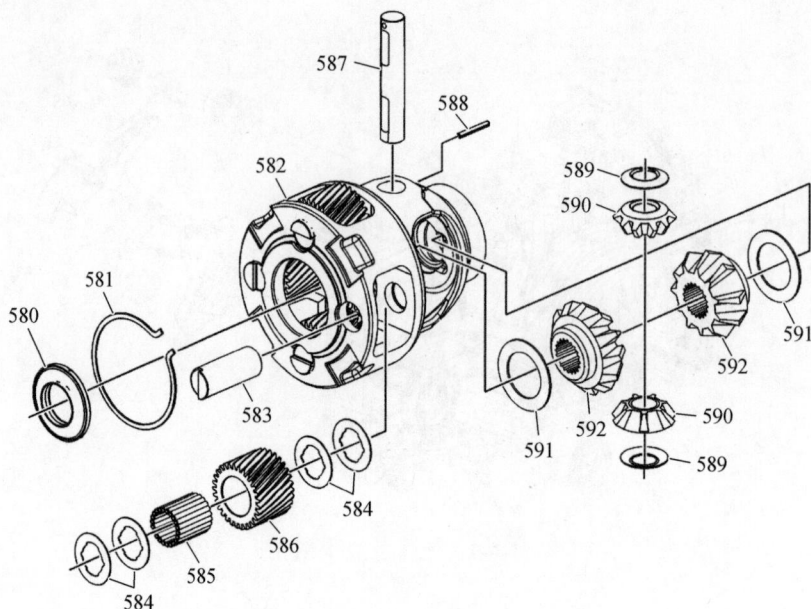

图 1-4-10　差速器前支座总成（2 个小齿轮）

（2）变矩器的拆卸。

专用工具：DT-47811-A 变速器提升板，DT-46625 变速器夹具，DT 3289-20 夹具，DT-39890 变速器夹具适配器，DT 21366 变矩器固定带，DT 46409 变矩器提升把手。

① 将 DT-47811-A 变速器举升板 1 安装到变速器壳体总成，4 个螺栓紧固至 12 N·m，如图 1-4-11 所示。

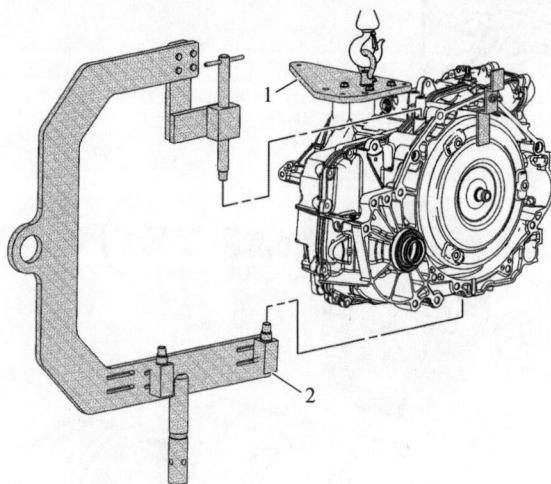

1—变速器提升板；2—变速器夹具。

图 1-4-11　提升板和夹具的安装

② 用吊运装置升起变速器。

③ 将 DT-46625 变速器夹具上的安装挡块调整至与壳体上的凸台相配合，3 个螺栓紧固至 13 N·m。

④ 使用 DT-46625 夹具将变速器安装到 DT-3289-20 夹具。

⑤ 定位变速器，使变矩器总成朝上，并使用锁销锁定 DT 3289-20 夹具。

⑥ 将 DT 21366 变矩器固定带从变速器上拆下，如图 1-4-12 所示。

⑦ 将两个 DT 46409 变矩器提升把手安装到变矩器总成 3。

⑧ 拆下变矩器总成。

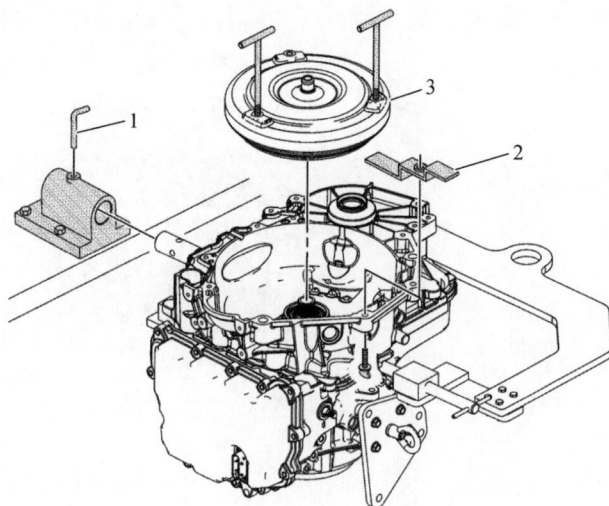

1—锁销；2—变矩器固定带；3—变矩器总成。

图 1-4-12　变矩器的拆卸

（3）变矩器的安装。

① 将两个 DT-46409 变矩器提升把手安装到变矩器总成。

② 使用两个 DT-46409 手柄安装变矩器总成，如图 1-4-13 所示。

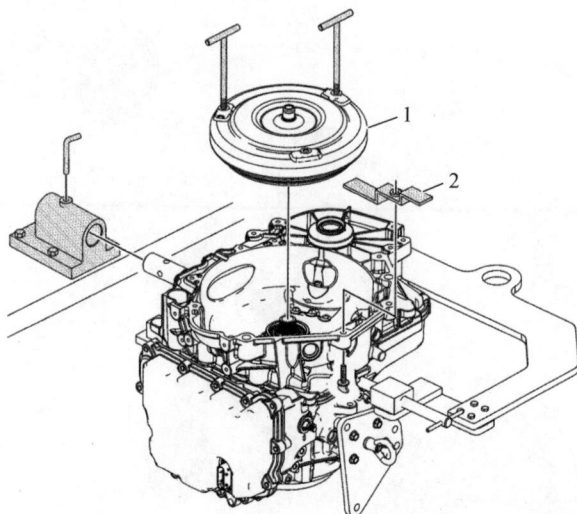

图 1-4-13　安装变矩器总成

③ 将 DT-21366 固定带安装到变速器。

④ 将锁销从 DT-3289-20 夹具中释放。

⑤ 使用吊运装置将变速器从 DT-3289-20 夹具上拆下，如图 1-4-14 所示。

⑥ 松开 DT-46625 夹具的 3 个夹具螺栓。

⑦ 将 DT-46625 夹具从变速器上拆下。

⑧ 拆下 DT-47811-A 举升板的 4 个螺栓。

⑨ 将 DT-47811-A 举升板从变速器壳体总成上拆下。

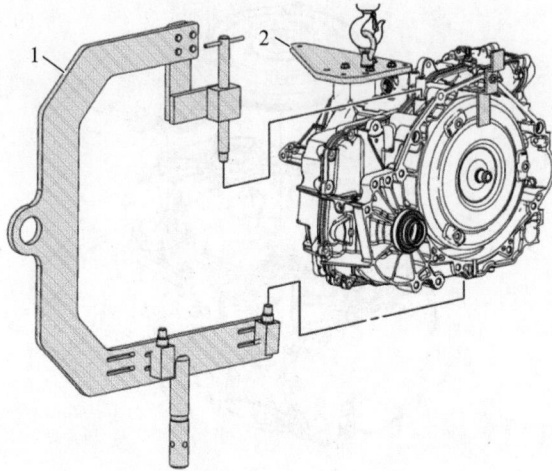

图 1-4-14　拆卸变速器提升板和夹具

2. 自动变速器（双离合）的结构认知训练

（1）结构认知。

查阅维修手册，回顾 AT 的结构组成，准确说出如图 1-4-15～图 1-4-19 所示不同编号零部件的名称。

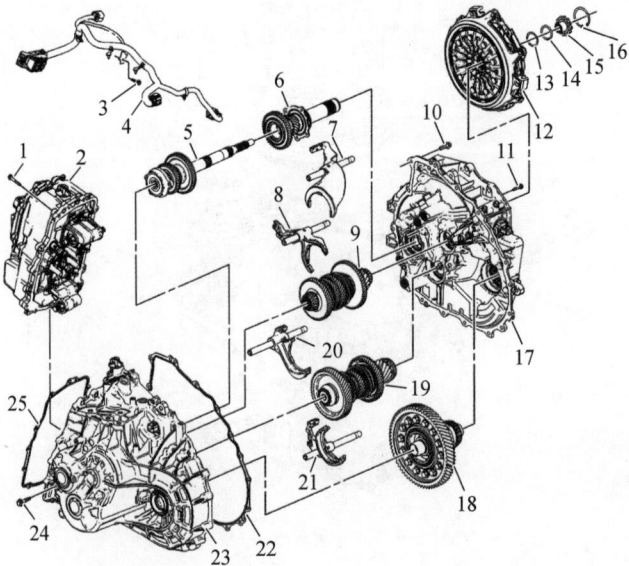

图 1-4-15　自动变速器（双离合）零部件

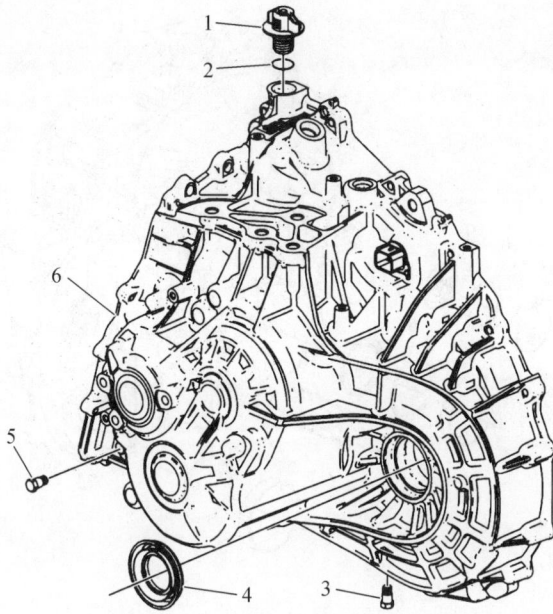

图 1-4-16　自动变速器壳体总成（1）

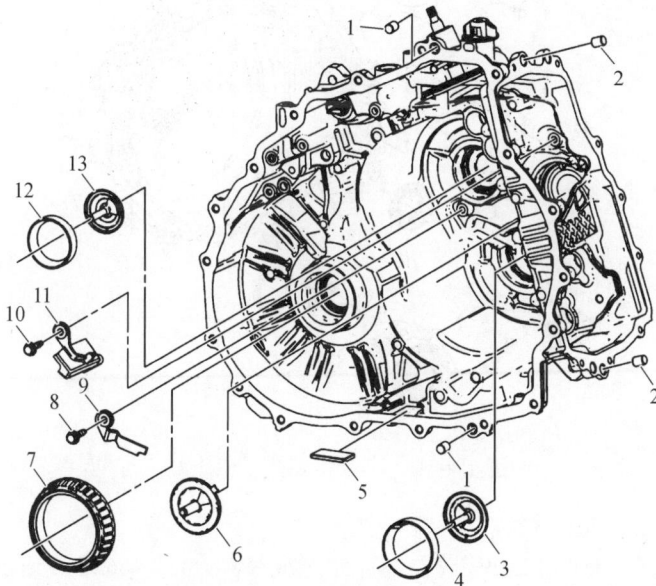

图 1-4-17　自动变速器壳体总成（2）

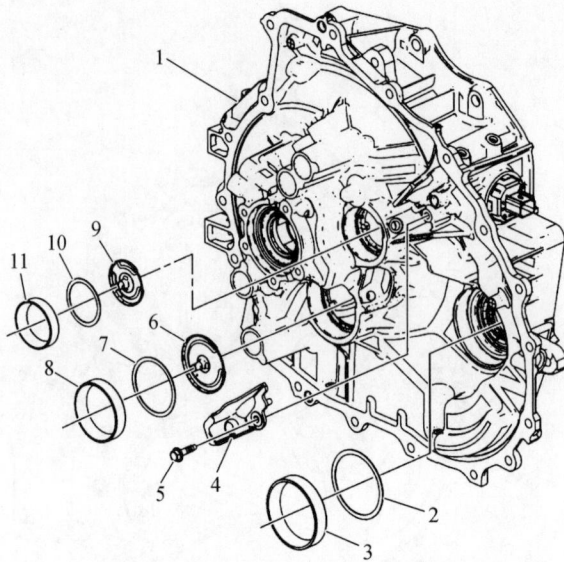

图 1-4-18　离合器壳体总成（1）

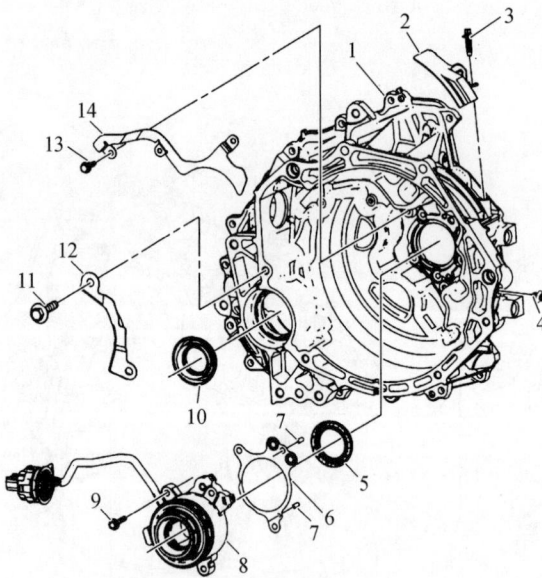

图 1-4-19　离合器壳体总成（2）

（2）变速器壳体的拆卸。

① 专用工具：DT-51230 变速器齿轮组总成夹具，DT-46625 变速器夹具。

② 将 DT-51230 夹具安装至变速器壳体总成，如图 1-4-20 所示。

③ 用 DT-46625 固定夹具作为手柄，从工作台上拆下 DT-51230 夹具和变速器壳体总成，如图 1-4-21 所示。

④ 将整个总成翻转在工作台上，这样总成由 DT-51230 夹具支腿支撑，如图 1-4-22 所示。

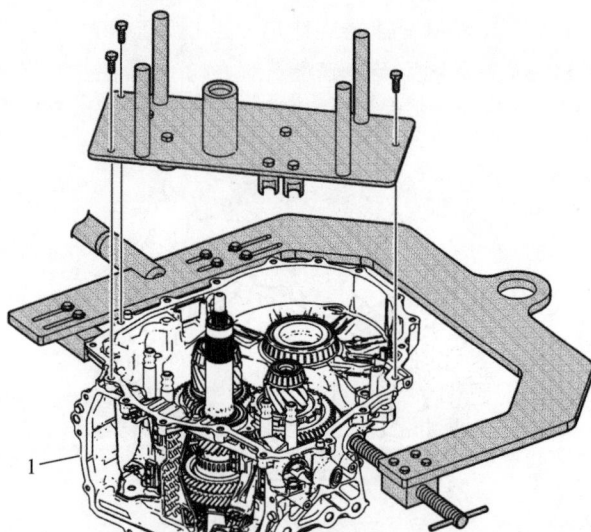

图 1-4-20　安装 DT-51230 夹具

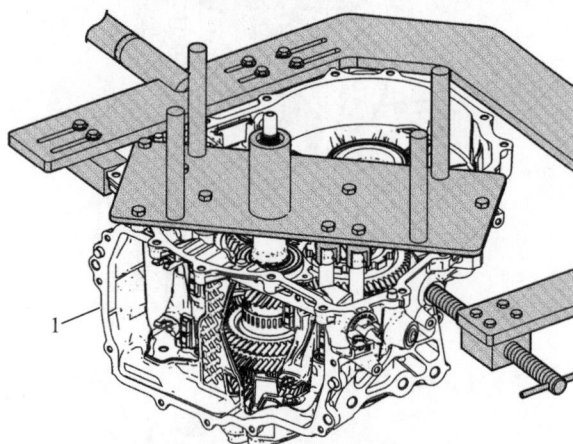

图 1-4-21　拆卸变速器壳体总成

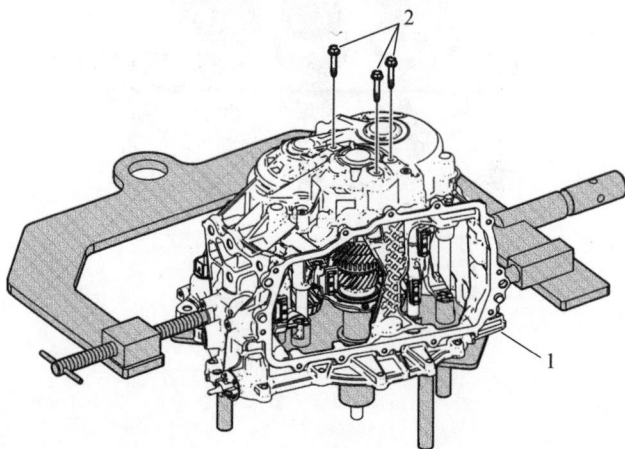

图 1-4-22　拆卸输入轴轴承护圈螺栓

⑤ 将 DT-46625 固定夹具从变速器壳体总成上拆下。

⑥ 拆下将 DT-51230 夹具固定至变速器壳体的 3 个螺栓。

⑦ 抓住壳体总成的两侧并径直向上抬，将变速器壳体从轴上拆下，如图 1-4-23 所示。

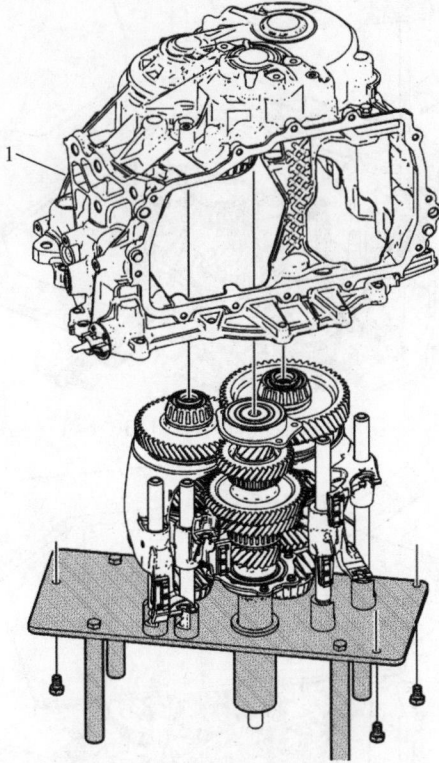

图 1-4-23　拆卸变速器壳体

⑧ 将轴和换挡拨叉从 DT-51230 总成夹具上拆下，如图 1-4-24 所示。

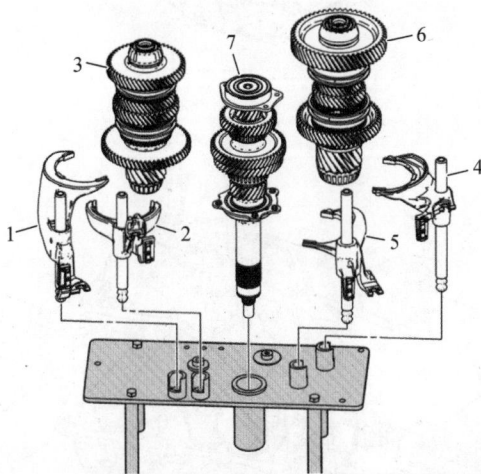

1—三挡和五挡换挡拨叉；2—四挡和倒挡换挡拨叉；3—三、四、五挡、倒挡主轴总成（上副轴）；
4—一挡和七挡换挡拨叉；5—二挡和六挡换挡拨叉；6—一、二、六、七挡主轴总成（下副轴）；
7—一、三、五、七挡倒挡输入轴和二、四、六挡输入轴总成。

图 1-4-24　拆下轴和换挡拨叉

（3）变速器壳体的安装。

① 将轴和换挡拨叉安装至 DT-51230 总成夹具，如图 1-4-25 所示。

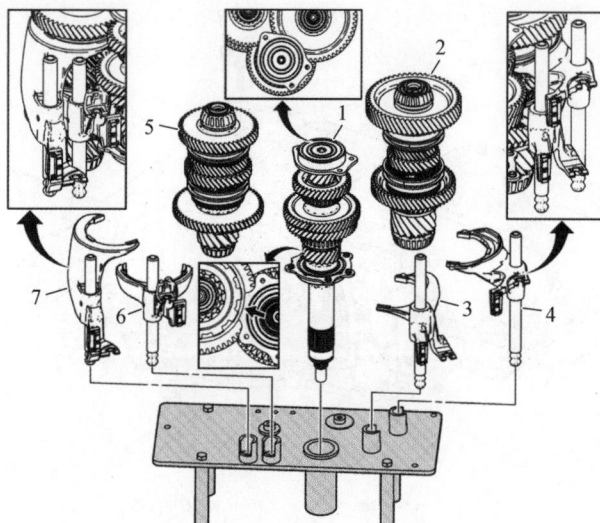

1—一、三、五、七挡倒挡输入轴和二、四、六挡输入轴总成；2—一、二、六、七挡主轴总成（下副轴）；
3—二挡和六挡换挡拨叉；4—一挡和七挡换挡拨叉；5—三、四、五挡、倒挡主轴总成（上副轴）；
6—四挡和倒挡换挡拨叉；7—三挡和五挡换挡拨叉。

图 1-4-25　安装轴和换挡拨叉至 DT-51230 夹具

② 将变速器壳体安装至输入轴上，输入轴轴承护圈上的 3 个孔与壳体对准，如图 1-4-26 所示。

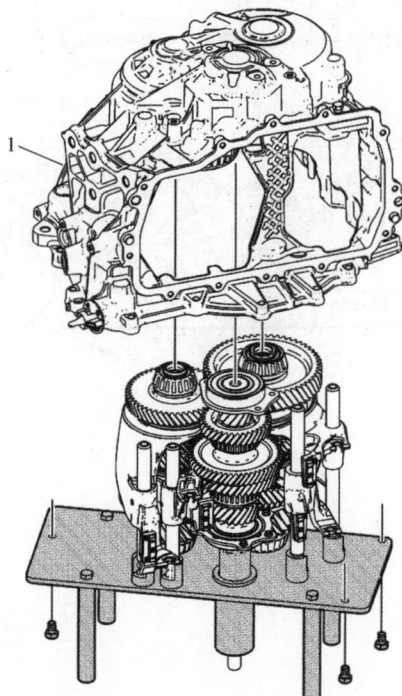

图 1-4-26　安装变速器壳体

③ 安装 3 个螺栓，将 DT-51230 夹具固定至变速器壳体，如图 1-4-27 所示。

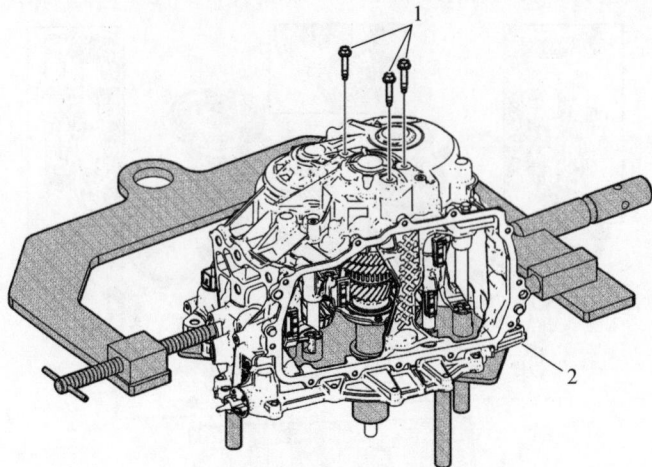

图 1-4-27　安装输入轴轴承护圈螺栓

④ 将护圈螺栓紧固至 9 N·m;

⑤ 将 DT-46625 固定夹具安装至变速器壳体总成，如图 1-4-28 所示。

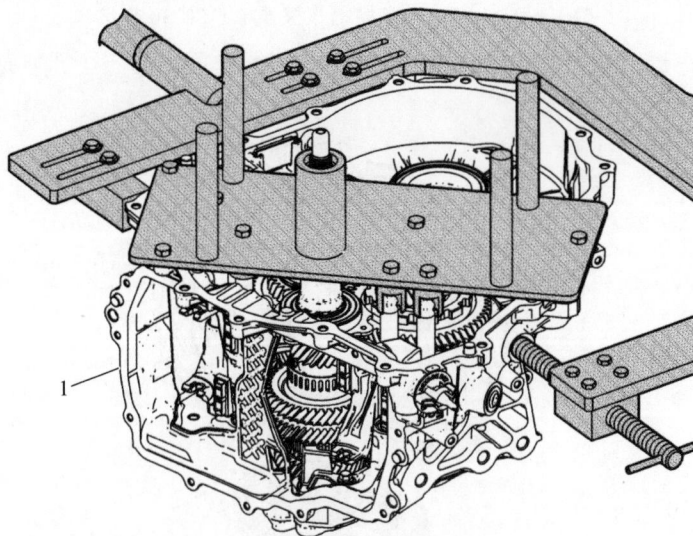

图 1-4-28　安装变速器壳体总成

⑥ 用 DT-46625 固定夹具作为手柄，将 DT-51230 夹具和变速器壳体总成安装至工作台。

⑦ 将 DT-51230 夹具从变速器壳体总成上拆下，如图 1-4-29 所示。

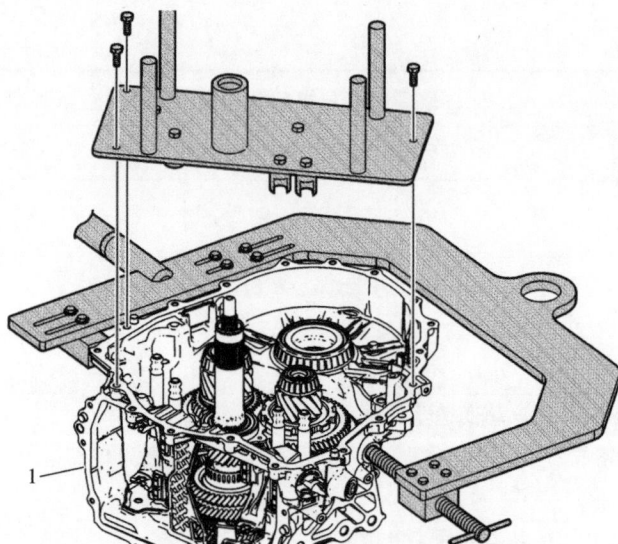

图 1-4-29　拆下变速器齿轮组总成夹具

二、异常情况处理办法

【任务考核】

项目一　传动系统的结构与维修		
任务四　自动变速器的维修		
姓名		组别	
班级		学号	

题型	考核题目	得分
单选	（1）下列不是自动变速器的特点的是（　　　）。 A. 价格昂贵　　　　　　　　B. 保养及维修费用较高 C. 省油　　　　　　　　　　D. 制动蹄片的磨损较快 （2）自动变速器中的油泵是由（　　）驱动的。 A. 电机　　　　　　　　　　B. 输出轴 C. 发电机　　　　　　　　　D. 变矩器。 （3）检查自动变速器油液是否泄漏时，需检查的部位有（　　　）。 A. 自动变速器的油封 B. 自动变速器的排油螺栓 C. 自动变速器的管件和软管连接处 D. 以上全对 （4）下列关于 ATF 特性描述不正确的是（　　　）。 A. 良好的摩擦特性　　　　　B. 防腐防锈性 C. 良好的抗泡沫性　　　　　D. 较低的黏温性	
判断	（1）自动变速器主要包括液力变矩器、齿轮变速机构、液压供给系统和换挡控制系统。（　　　） （2）自动变速器中的齿轮变速机构采用的形式有普通齿轮式和行星齿轮式两种。（　　　） （3）P 挡为倒挡，在倒车时选用。（　　　） （4）为保证自动变速器油液足量，油位需超出 HOT 范围。（　　　） （5）一般自动变速器使用的润滑油颜色为蓝色。（　　　）	
总分		

任务五　驱动桥的维修

【情境导入】

　　车主王先生驾驶一辆自动挡轿车，该车在行驶过程中出现异响。4S 店维修技师经过初步分析判断，需要对驱动桥做进一步检查。

接车与填写接车问诊表

接 车 问 诊 表		
车牌号： 　　　　车架号：		行驶里程：　　　　　　（km）
用户名： 　　　　电话：		来店时间：
用户陈述及故障发生时的状况：车辆行驶异响，速度越快，异响越明显		
故障发生状况提示：行驶速度、发动机状态、发生频率、发生时间、部位、天气、路面状况、声音描述		
接车员检测确认建议：检查驱动桥		
车间检测确认结果及主要故障零部件：		
车间检查确认者：		
外观确认： （请在有缺陷部位作标识）	功能确认：（工作正常 √　不正常 ×） □音响系统　□门锁（防盗器）□全车灯光 □工具　　　□后视镜　□天窗　□座椅 □点烟器　　□玻璃升降器　　□玻璃	
	物品确认：（有 √　　无 ×）	
		贵重物品提示 □工具　　　　□备胎 □灭火器　　　□其他 （　　　　　　　　） 旧件是否交还用户 □是　　　□否 用户是否需要洗车 □是　　　□否
·检测费说明：本次检测的故障如用户在本店维修，检测费包含在修理费用内；如用户不在本店维修，请您支付检测费。本次检测费：¥　　　　元。 ·贵重物品：在将车辆交给我店检查修理前，已提示将车内贵重物品自行收起并保存好，如有遗失恕不负责。		
接车员：　　　　　　　　　　　　　用户确认：		

066

【信息分析】

查阅相关资料，尝试回答如下问题。

（1）驱动桥主要有哪些类型，由哪些部件组成？

（2）驱动桥在车辆中起什么作用？

（3）驱动桥是如何工作的？

【信息收集】

一、驱动桥的分类

按悬架结构不同，驱动桥可分为整体式驱动桥和分段式驱动桥两种，桥壳也分为整体式桥壳和分段式桥壳两种。

1. 整体式驱动桥壳

整体式驱动桥采用非独立悬架，其驱动桥壳为刚性的整体，两端通过悬架与车架连接。左右半轴始终在一条直线上，行驶时左右驱动轮不能相互独立地跳动，整个车桥和车身随着路面的凹凸变化而发生倾斜。

整体式桥壳一般为铸造，具有较大的强度和刚度，便于主减速器的拆装和调整。整体式桥壳的结构如图 1-5-1 所示，这种结构多用于汽车后桥上，适用于中型以上货车。

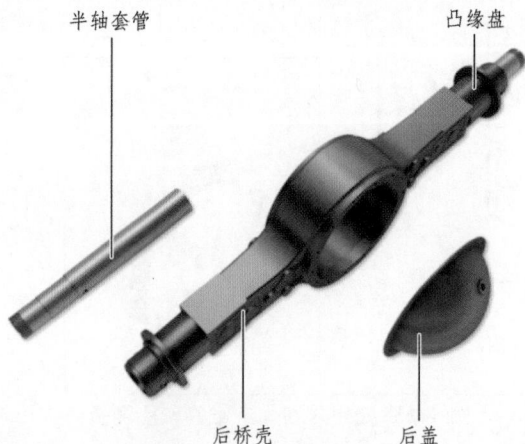

图 1-5-1　整体式驱动桥壳

2. 分段式桥壳

分段式驱动桥采用独立悬架，其主减速器固定在车架上，驱动桥壳制成分段并用铰链连接。半轴也分段并用万向节连接。驱动桥两段分别用悬架与车架连接。这样，两侧的驱动轮及桥壳可以彼此独立地相对于车架或车身上下跳动。

分段式桥壳一般由两段组成,由螺栓将其连成一体,分段式桥壳的结构如图 1-5-2 所示。

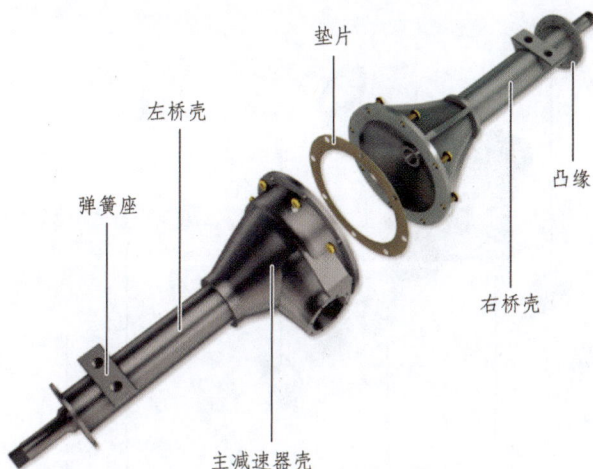

图 1-5-2　分段式驱动桥壳

二、驱动桥的功用

驱动桥是传动系统的最后一个总成，一般由桥壳、主减速器、差速器以及半轴等组成，如图 1-5-3 所示。其主要功用是将万向传动装置输入的动力经降速增矩，改变传动方向以后，分配给左右驱动轮，且允许左右驱动轮以不同的转速旋转。

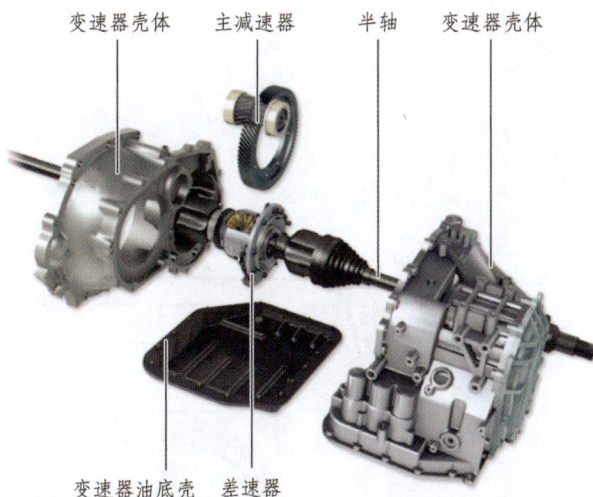

图 1-5-3　驱动桥组成

三、驱动桥的结构及工作原理

1. 主减速器

主减速器是在传动系统中起降低转速、增大转矩作用的主要部件，当发动机纵置时还具有改变转矩旋转方向的作用。主减速器是依靠齿数少的齿轮带齿数多的齿轮来实现减速的，采用圆锥齿轮传动则可以改变转矩旋转方向。按参加减速传动的齿轮副数目分类，主减速器可以分为单级式和双级式结构，如图1-5-4所示为单级主减速器的基本结构，主要由主减速器主动齿轮、从动齿轮、轴承、油封等组成。

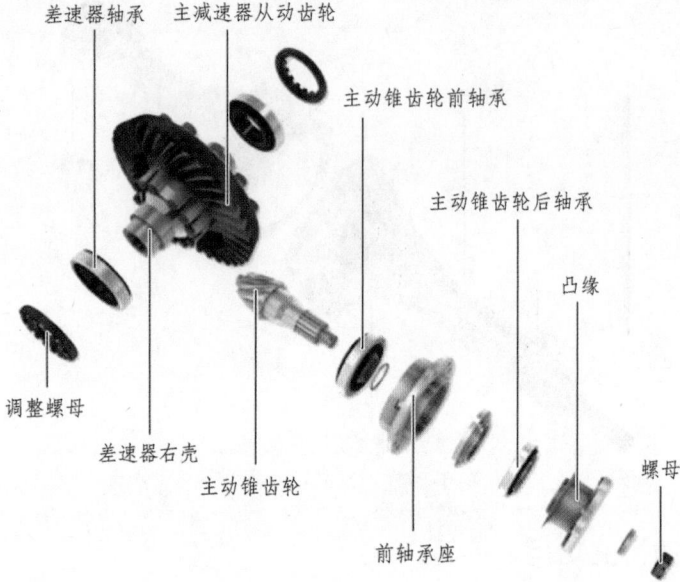

图 1-5-4　主减速器

2. 差速器

汽车差速器是一个差速传动机构，用来保证各驱动轮在各种运动条件下的动力传动，避免轮胎与地面间打滑。差速器主要由差速器壳体、行星齿轮、半轴齿轮、行星齿轮轴等组成，其基本结构如图1-5-5所示。

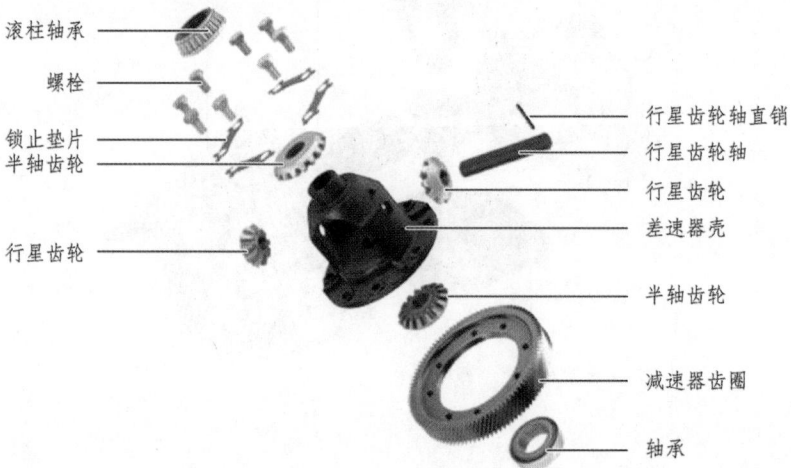

图 1-5-5　差速器

当车辆直线行驶时，左右驱动轮所受的地面阻力相同，行星齿轮不自转，只随着差速器壳和行星齿轮轴一起公转，两半轴无转速差，则左右驱动轮以相同速度转动，如图1-5-6所示。

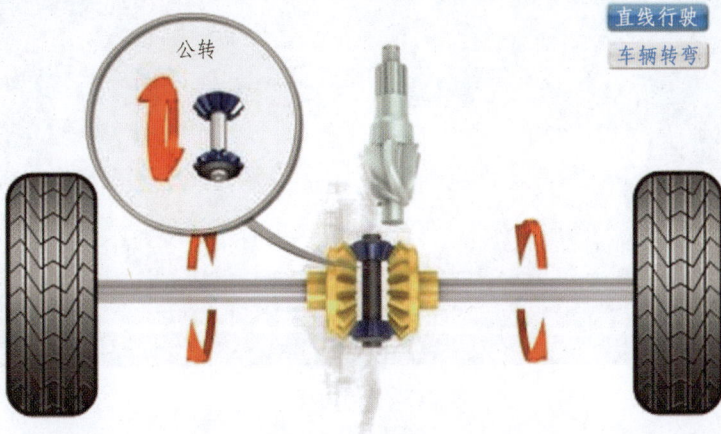

图 1-5-6　差速器工作原理（车辆直行）

当汽车转弯时，此时左右驱动轮所受到的地面阻力不同，此时行星轮除了随差速器壳公转外，还绕自身轴线自转，且阻力大的一侧车轮转速小于阻力小一侧车轮转速，如图1-5-7所示。

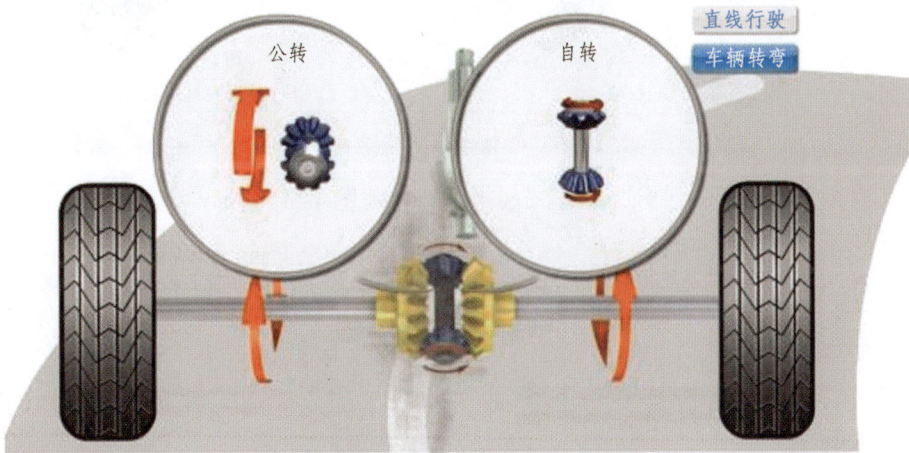

图 1-5-7　差速器工作原理（车辆转向）

3. 半　轴

半轴用于可靠地传递驱动力，将差速器半轴齿轮的输出转矩传到驱动轮或轮边减速器上（把动力从差速器传递给驱动轮），如图1-5-8所示。

在转向驱动桥内，半轴一般需要分为内半轴和外半轴两端，中间用等角速万向节相连接。半轴也有多种不同的分类方式，按照结构的不同，可以分为带凸缘半轴和不带凸缘半轴，如图1-5-9所示。

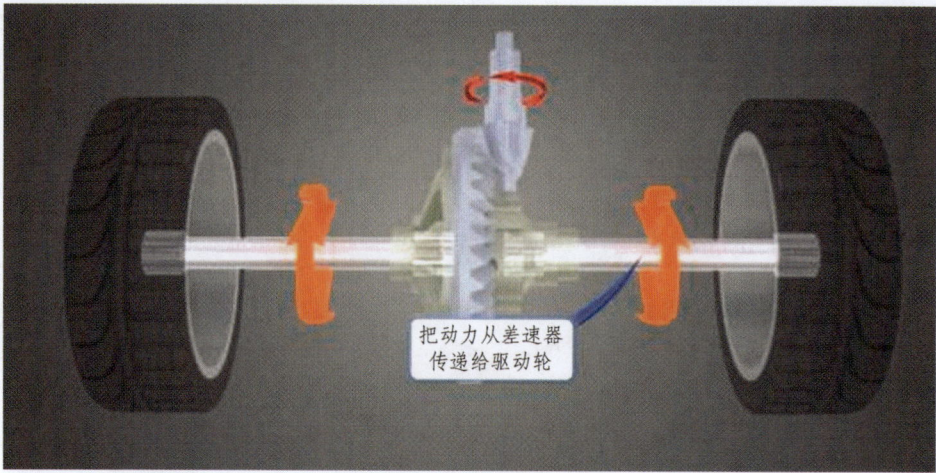

图 1-5-8　半轴原理

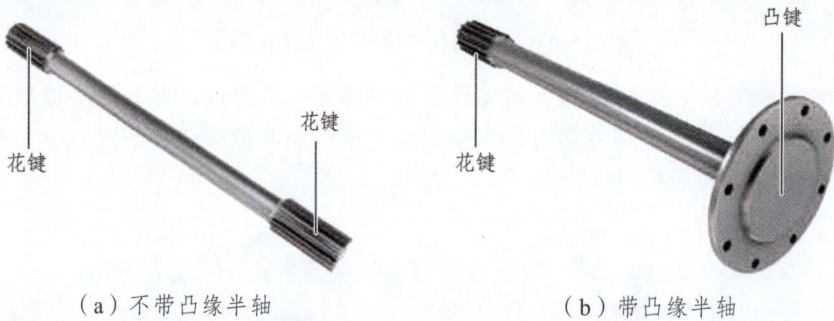

（a）不带凸缘半轴　　　　　　（b）带凸缘半轴

图 1-5-9　半轴类型（按结构分）

按支撑形式不同轴可分为全浮式和半浮式，如图 1-5-10 所示。

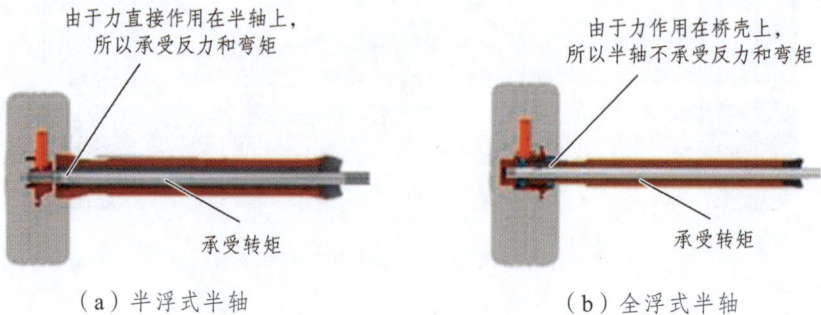

（a）半浮式半轴　　　　　　　（b）全浮式半轴

图 1-5-10　半轴类型（按支撑方式分）

4. 桥　壳

桥壳即驱动桥的"外衣"，如图 1-5-11 所示。一般由主减速器和半轴套管组成，内部空间用来安装主减速器、差速器和半轴等；外部通过悬架与车架相连，两端安装制动底板并连接车轮，承受悬架和车轮传来各种作用力和力矩，其主要作用如下。

（1）保护作用：保护主减速器、差速器和半轴等不受灰尘、雨水等杂质腐蚀。

（2）轴向定位：使左、右驱动车轮的轴向相对位置固定。

（3）支撑作用：和从动桥一起承受汽车重力，且汽车行驶时，承受驱动轮传来的各种反力、作用力和力矩，并通过悬架传给车架。

图 1-5-11　桥壳

活页工单 1-5　驱动桥的维修

【接受工作任务】

根据给定的轿车，对驱动桥进行结构认知。

【制定任务实施方案】

分组查阅维修手册，认识驱动桥的结构及工作原理，为维护与保养准备。

一、任务分工

每四位同学成一组，以某品牌轿车为例，按照企业岗位操作规范对驱动桥进行拆装作业。每组作业时间为 60 min。

1. 任务实施准备

（1）结构认知。

查阅维修手册，回顾驱动桥的结构，准确说出如图 1-5-12 所示编号代表的零件名称。

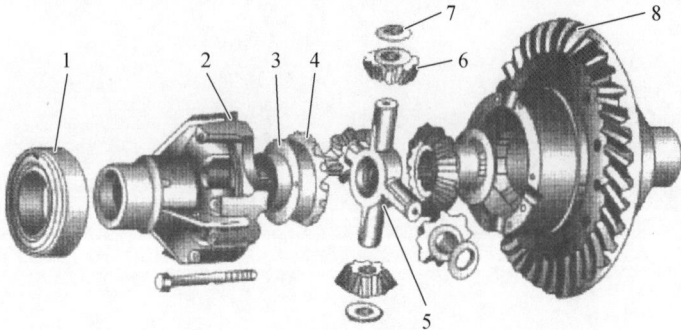

图 1-5-12　驱动桥的零部件图

（2）专用工具。

DT-36513 齿轮和轴承隔板，DT-47865 轴承拆卸工具，DT-47865-5 拔出器支脚扩张盘，GE-23907-1 带轴的惯性锤，DT-50709 轴承外圈安装工具，GE-8092 拆装工具手柄，DT-50769 轴承安装工具。

2. 前差速器总成的拆解

（1）使用 DT-36513 拆下前差速器轴承 1，如图 1-5-13 所示。

（2）拆下前差速器轴承外圈，如图 1-5-14 所示。

3. 前差速器总成的装配

（1）使用工具安装前差速器轴承外圈，如图 1-5-15 所示。

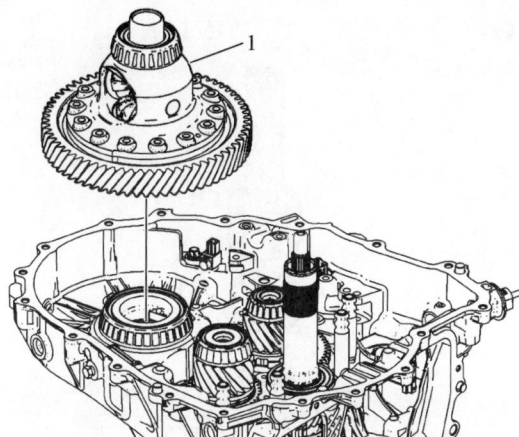

图 1-5-13　拆卸前差速器总成

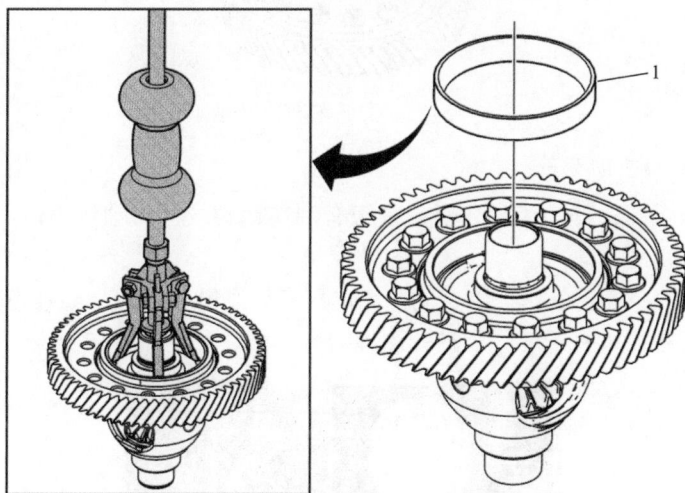

图 1-5-14　拆卸前差速器轴承外圈

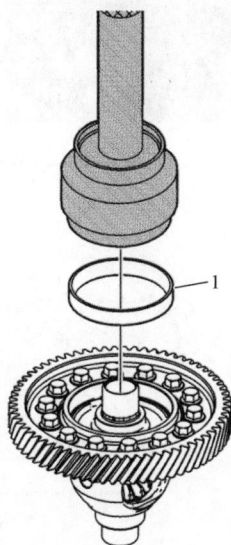

图 1-5-15　前差速器轴承外圈的安装

（2）使用工具安装前差速器轴承，如图 1-5-16 所示。

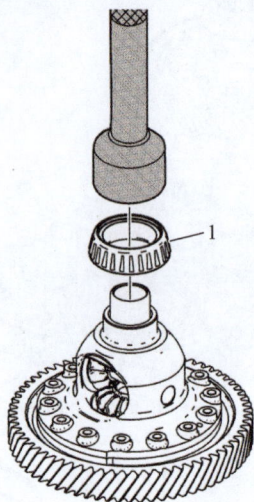

图 1-5-16　安装前差速器轴承

4. 检查驱动桥的齿轮

（1）检查主减速器的齿轮外观，是否有刮伤、裂纹、点蚀等损伤。如果有，就必须更换有损伤的齿轮。

（2）测量主减速器的齿轮啮合间隙，选用百分表触头抵住从动锥齿轮大段凸面，对圆周均匀分布的不少于 3 个齿进行测量啮合间隙，如图 1-5-17 所示。

图 1-5-17　测量主减速器啮合间隙

（3）用百分表测量前差速器半轴齿轮齿隙，如图 1-5-18 所示。

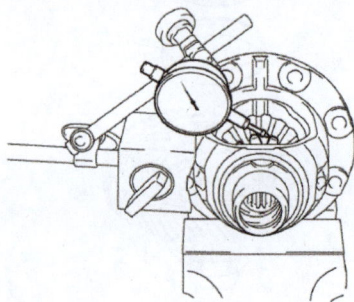

图 1-5-18　测量差速器半轴齿轮啮合间隙

二、异常情况处理办法

【任务考核】

项目一　传动系统的结构与维修		
任务五　驱动桥的维修		
姓名		组别	
班级		学号	
题型	考核题目	得分
单选	（1）选定轿车驱动桥的前差速器行星齿轮止推垫圈的厚度最小厚度为（　　）。 　A. 0.97 mm　　　　B. 0.94 mm　　　C. 0.84 mm　　　　D. 0.74 mm （2）选定轿车驱动桥的检修，用什么工具测量前差速器 1 号行星齿轮轴的外径？（　　） 　A. 检测仪　　　　　　　　B. 百分表 　C. 螺旋测微器　　　　　　D. 万用表 （3）选定轿车驱动桥的检修，用什么工具测量前差速器半轴齿轮齿隙？（　　） 　A. 检测仪　　　　　　　　B. 百分表 　C. 螺旋测微器　　　　　　D. 万用表 （4）选定轿车驱动桥的前差速器 1 号行星齿轮轴的外径，最小为（　　）。 　A.16 mm　　　B. 16.682 mm　　C. 16.982 mm　　　D. 17.982 mm （5）选定轿车驱动桥前差速器半轴的标准齿隙为（　　）。 　A. 0.02～0.20 mm　　　　　　B. 0.05～0.20 mm 　C. 0.05～0.10 mm　　　　　　D. 0.05～0.50 mm	
判断	（1）驱动桥主要由主减速器、差速器，转向机、半轴、半轴套管等零部件组成。　　　　　　　　　　　　　　　　（　　） （2）驱动桥功用是减速增扭、改变动力方向、实现车轮差速。（　　） （3）主减速器功用是降低转速，增大扭矩，实现差速。　（　　） （4）驱动桥通过主减速器实现降速增扭的，通过差速器实现两侧驱动轮的差速运动。　　　　　　　　　　　　　　（　　） （5）差速器功用是将主减速器传来的动力传给左、右半轴，在车辆转弯时，允许左、右半轴以相同速度旋转。　　　（　　） （6）差速器结构是由差速器壳、半轴齿轮、行星齿轮轴、行星齿轮等组成。　　　　　　　　　　　　　　　　　（　　）	
总分		

项目二

行驶系统的构造与维修

汽车作为一种地面交通工具，其行驶系统一般由车架、车桥、车轮和悬架等部分组成。

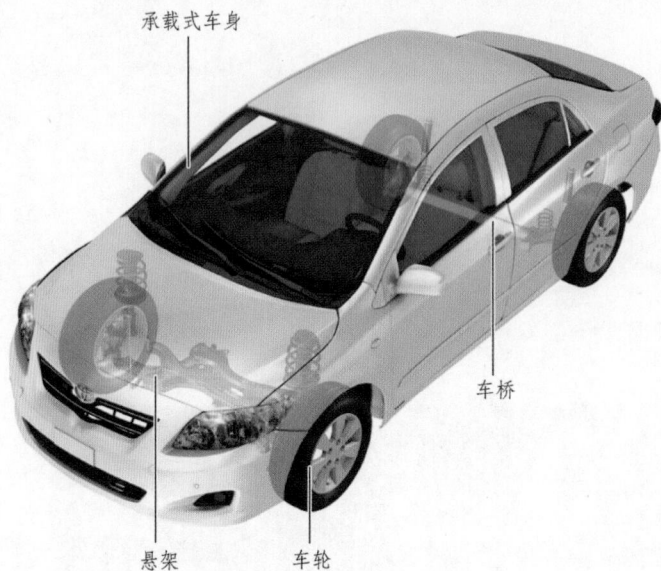

承载式车身

车桥

悬架　车轮

【学习目标】

1. 知识目标

（1）掌握汽车行驶系统的作用与组成。

（2）掌握车桥、车架、悬架结构形式及特点。

（3）掌握车轮轮胎的功用、类型等。

（4）能快速地从实车上识别出行驶系统的各个组成部分。

2. 技能目标

（1）能按规范、熟练地进行车轮的拆装作业。

（2）能正确对车轮进行动平衡检测及动平衡调整。

（3）能按正确完成悬架系统检查及四轮定位作业。

（4）能正确使用工具进行悬架的拆卸、检查、安装作业。

3. 思政目标

（1）培养良好的职业道德和工匠精神。

（2）培养安全意识和团队协作精神。

（3）培养自我管理和自主学习能力。

任务一　行驶系统的基本认知

【情境导入】

车主王先生驾驶一辆轿车，在行驶过程中，车身随着车速加大而剧烈抖动，且车辆出现跑偏现象。4S 店维修技师经过检测及路试检查，认为需要对行驶系统做进一步检测。

接车与填写接车问诊表

接 车 问 诊 表		
车牌号：　　　　　车架号：　　　　　行驶里程：　　　　（km）		
用户名：　　　　　电话：　　　　　来店时间：		
用户陈述及故障发生时的状况：车身抖动，车辆跑偏		
故障发生状况提示：行驶速度、发动机状态、发生频率、发生时间、部位、天气、路面状况、声音描述		
接车员检测确认建议：检查整个行驶系统		
车间检测确认结果及主要故障零部件：		
车间检查确认者：		
外观确认： （请在有缺陷部位作标识）	功能确认：（工作正常 √　不正常 ×） □ 音响系统　□ 门锁（防盗器）□ 全车灯光 □ 工具　　　□ 后视镜　　□ 天窗　　□ 座椅 □ 点烟器　　□ 玻璃升降器　　□ 玻璃 物品确认：（有 √　无 ×） 贵重物品提示 □ 工具　　　□ 备胎 □ 灭火器　　□ 其他 （　　　　　　　　） 旧件是否交还用户 □ 是　　　□ 否 用户是否需要洗车 □ 是　　　□ 否	
·检测费说明：本次检测的故障如用户在本店维修，检测费包含在修理费用内；如用户不在本店维修，请您支付检测费。本次检测费：￥　　　　元。 ·贵重物品：在将车辆交给我店检查修理前，已提示将车内贵重物品自行收起并保存好，如有遗失恕不负责。		
接车员：　　　　　　　　　　　　用户确认：		

【信息分析】

查阅相关资料，尝试回答如下问题。

（1）汽车行驶系统主要包括哪几部分，每个部分是如何连接的？

（2）汽车行驶系统的各个部分的功用是什么？

（3）观察汽车底盘，其行驶系统是如何分布的，有什么特点？

【信息收集】

一、行驶系统的主要分类

按照结构形式的不同，汽车行驶系统的基本类型主要有轮式、半履带式、全履带式和车轮-履带式。

轮式：前后桥均采用车轮，如图 2-1-1 所示。轮式形式系统是应用最为广泛的，本节只围绕此类型进行介绍。

图 2-1-1　轮式汽车

半履带式：汽车的后桥采用履带式，前桥用车轮。履带可以减少汽车对地面的比压，控制汽车下陷；履刺还能加强履带与土壤间的相互作用，增加汽车的附着力，提高通过性。其主要用于在雪地或沼泽地带行驶的汽车，如图 2-1-2 所示。

图 2-1-2　半履带式汽车

全履带式：前后桥都用履带，如图 2-1-3 所示。许多工程机械采用全履带式行驶系统。

图 2-1-3　全履带式车辆

车轮履带式：前后桥既可以装车轮，也可以装履带，如图 2-1-4 所示。

图 2-1-4　车轮履带式车辆

二、行驶系统的主要功用

汽车行驶系统的主要功用：将汽车构成一个整体；承受汽车总重力；借助驱动

轮与路面的附着作用，将传动系统传来的转矩转化为汽车行驶的驱动力；传递并承受路面作用于车轮上的各种力和力矩；缓和不平路面对汽车产生的冲击，减小汽车在行驶中的振动，保证汽车平顺行驶，如图 2-1-5 所示。

接受传动系统的动力，通过驱动轮与路面的作用产生驱动力，保证汽车正常行驶

产生驱动力
减缓车身振动
保证车身稳定

（a）产生驱动力

（b）减缓车身振动

与转向系统协调配合，实现汽车行驶方向的正确控制，保证汽车操纵稳定

产生驱动力
减缓车身振动
保证车身稳定

（c）保证车身稳定

图 2-1-5　汽车行驶系统的功用

行驶系统主要由车架、车桥、悬架和车轮组成。

车架是连接在各车桥之间形似桥梁的一种结构，是整个汽车的安装基础。其功用是使各总成保持相对的正确位置，并承受汽车内外的各种载荷，如图 2-1-6 所示。

图 2-1-6　车架

前后车桥由前后车轮分别支承着，车桥通过弹性悬架与车架相连接。车桥的作用是传递车架和车轮之间的各个方向的作用力，并承受这些力所形成的弯矩和扭矩，如图 2-1-7 所示。

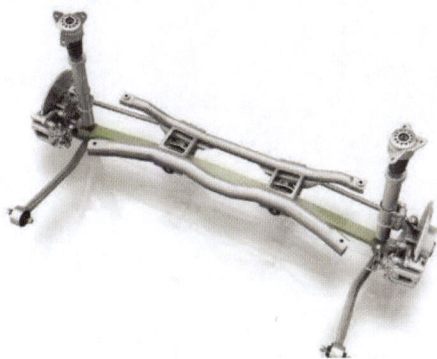

图 2-1-7　车桥

车轮用于安装轮胎和连接半轴或转向节，并支撑汽车重力，承受半轴或转向节传来的力矩，如图 2-1-8 所示。

图 2-1-8　车轮

　　悬架的作用是把路面作用于车轮上的各种力及产生的力矩传递到车架（或承载式车身）上，吸收和缓和行驶中因路面不平引起的车轮跳动而传给车架的冲击和振动，如图 2-1-9 所示。

图 2-1-9　悬架

活页工单 2-1　行驶系统结构认识

【接受工作任务】

根据给定的轿车，对行驶系统进行结构认知。

【制定任务实施方案】

分组查阅维修手册，认识整个行驶系统的组成、各部件的安装位置、连接顺序，为维护与保养准备。

一、任务分工

每四位同学成一组，在某品牌轿车上识别行驶系统各部件的位置。每组作业时间为 30 min。任务实施步骤如下。

（1）按照举升机的操作要求采取相应的安全防护措施，用举升机举起汽车。

（2）从汽车底部找出车架，观察其安装位置。

（3）找出车桥，观察其安装位置。

（4）找出车轮，观察其组成及其安装位置。

（5）找出悬架系统，观察其安装位置。

（6）将汽车及举升机复位，并检查复位状况是否良好。

二、异常情况处理办法

_____

_____

【任务考核】

项目二　行驶系统的构造与维修					
任务一　行驶系统的基本认知					
姓名			组别		
班级			学号		
题型	考核题目				得分
单选	（1）以下不是行驶系统功用的是（　　　）。 A. 承受汽车总重力 B. 借助驱动轮与路面的附着作用，将传动系统传来的转矩转化为汽车行驶的驱动力 C. 传递并承受路面作用于车轮上的各种力和力矩 D. 根据车辆行驶需要，按照驾驶员的意图适时改变汽车的行驶方向 （2）车轮用以安装轮胎和连接半轴或转向节，并用来支撑汽车重力，承受（　　　）传来的力矩。 A. 车桥　　　B. 半轴　　　C. 悬架　　　D. 车架					
判断	（1）悬架的作用是使各总成保持正确的相对位置，并承受汽车内外的各种载荷。　　　　　　　　　　　　　　　　　　（　　　） （2）车轮一般由轮辋、轮毂，以及连接这两者的辐板组成。（　　　） （3）前后车桥由前后车轮分别支承着，车桥通过弹性悬架与车架相连接。　　　　　　　　　　　　　　　　　　　　　（　　　）					
总分					

任务二　车架和车桥的维修

【情境导入】

　　车主王先生驾驶一辆轿车，在行驶过程中，需要紧握方向盘，否则车辆会向一侧跑偏。4S 店维修技师经过检测及路试检查，认为需要对行驶系统做进一步检测。

接车与填写接车问诊表

接 车 问 诊 表		
车牌号：　　　　　　车架号：　　　　　　　行驶里程：　　　　　　（km）		
用户名：　　　　　　电话：　　　　　　　来店时间：		
用户陈述及故障发生时的状况：车身抖动，车辆跑偏		
故障发生状况提示：行驶速度、发动机状态、发生频率、发生时间、部位、天气、路面状况、声音描述		
接车员检测确认建议：检查整个行驶系统		
车间检测确认结果及主要故障零部件：		
车间检查确认者：		
外观确认： （请在有缺陷部位作标识）	功能确认：（工作正常√　不正常×） □音响系统　□门锁（防盗器）□全车灯光 □工具　　　□后视镜　　□天窗　□座椅 □点烟器　　□玻璃升降器　　□玻璃 物品确认：（有√　　无×） 贵重物品提示 □工具　　　　□备胎 □灭火器　　　□其他 （　　　　　　　　　） 旧件是否交还用户 □是　　　□否 用户是否需要洗车 □是　　　□否	
·检测费说明：本次检测的故障如用户在本店维修，检测费包含在修理费用内；如用户不在本店维修，请您支付检测费。本次检测费：¥　　　　元。		
·贵重物品：在将车辆交给我店检查修理前，已提示将车内贵重物品自行收起并保存好，如有遗失恕不负责。		
接车员：　　　　　　　　　　　　　　　用户确认：		

【信息分析】

查阅相关资料，尝试回答如下问题。

（1）车架的分类和功用是什么？

（2）车桥的分类和功用是什么？

（3）四轮定位的目的是什么，如何进行四轮定位？

【信息收集】

一、车架的功用和类型

汽车车架俗称"汽车大梁"，是汽车装配的基础件，发动机、变速器、传动机构、操纵机构和车身等都安装在车架上。车架不仅承受各总成的静载荷，还要承受汽车行驶时产生的复杂动载荷，如汽车加速、制动、转弯、上下坡、装载不均、高速以及在不良道路上行驶。这就要求车架有足够的强度和合适的刚度，并且结构要简单，质量轻，还应尽可能地降低汽车的质心和获得较大的前轮转向角度，以提高汽车行驶的稳定性和转向灵活性。因此，车架大都制成形状复杂的刚性构架。

按照结构形式的不同，车架可分为边梁式车架、中梁式车架、综合式车架和无梁式车架等形式。

1. 边梁式车架

边梁式车架如图 2-2-1 所示，一般是用铆接或焊接的方法，将两边的纵梁和若干根横梁牢固连接的桥式结构。纵梁通常用低合金钢板冲压而成，断面形状一般为槽形，也有的做成 Z 字形或箱形断面。根据汽车型式不同和结构布置的要求，纵梁可以在水平面内或纵向平面内做成弯曲的，以及等断面或非等断面的。

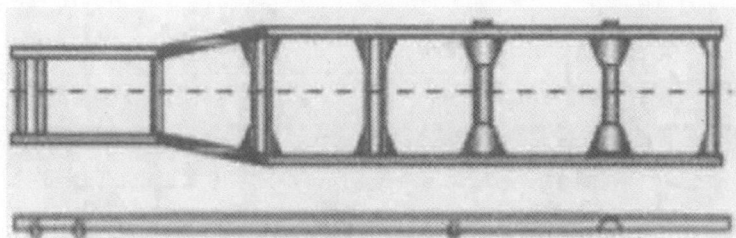

图 2-2-1　边梁式车架

2. 中梁式车架

中梁式车架只有一根位于中央贯穿前后的纵梁，因此亦称为脊梁式车架，如图 2-2-2 所示。中梁式车架有较好的抗扭转刚度和较大的前轮转向角，结构上允许车轮有较大的跳动空间，适于装配独立悬架的越野汽车。与同等载重的汽车相比，中梁式车架轻且质心比较低，故行驶稳定性好；车架的强度和刚度较大；脊梁还能起封闭传动轴的防尘罩作用。中梁式车架制造工艺复杂，精度要求高，总成安装困难，维护修理也不方便，故目前应用不多。

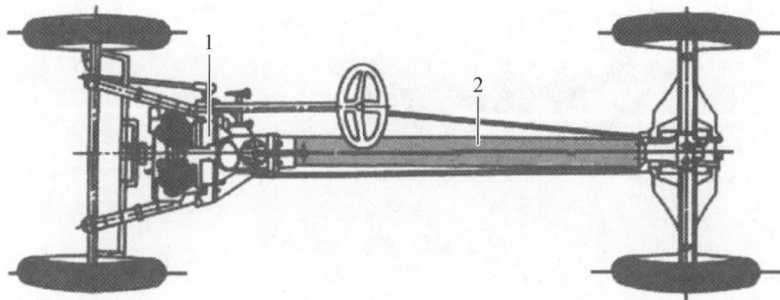

1—发动机；2—中梁。

图 2-2-2　中梁式车架

3. 综合式车架

综合式车架是由边梁式和中梁式车架结合而成的，如图 2-2-3 所示。车架前段或后段近似边梁结构，便于分别安装发动机或驱动桥。中段是中梁式，用伸出来的支架固定车身，传动轴从中间穿过。这种结构制造工艺复杂，目前应用也不多。

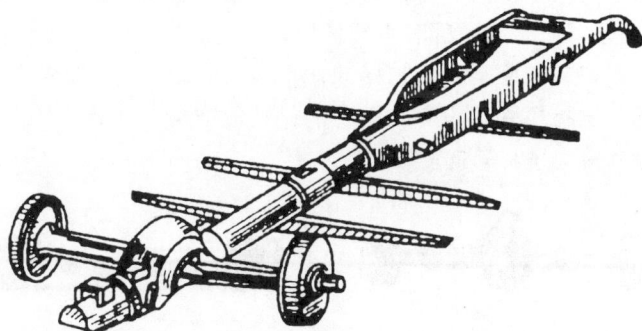

图 2-2-3　综合式车架

4. 无梁式车架

无梁式车架又称承载式车身，即取消了车架，将所有的部件固定在车身上，以车身兼顾车架的作用，如图 2-2-4 所示。承载式车架将全车所有部件，包括悬架、车身连成一体，操纵响应性好，传递的振动、噪声小。承载式车架必须与车身形状吻合，不同的车身造型不能共用车架。承载式车架由钢（或铝）经冲压、焊接而成，对设计和生产工艺的要求都很高，因此开发制造难度大，成型的车架带有座舱、发动机舱和底板骨架。承载式车架是目前轿车的主流，将车架和车身合二为一，质量小，可利用空间大，重心低，而且冲压成型的制造方式十分适合现代化的大批量生产。

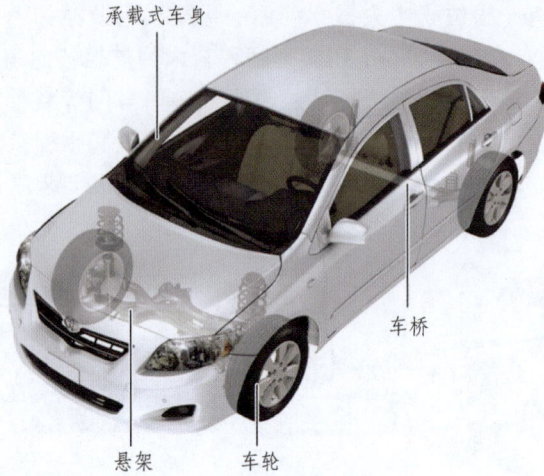

图 2-2-4　承载式车身

二、车桥的功用和类型

车桥（俗称车轴）通过悬架和车架（或承载式车身）相连，两端安装车轮，其功用是传递车架（或承载式车身）与车轮之间各方向的作用力及其力矩。车桥根据悬架结构型式的不同分为整体式和断开式两种。与独立悬架配合使用的是断开式车桥，为活动关节式结构。而与非独立悬架配合使用的是整体式车桥，其中部是刚性的实心或空心梁。

按照用途的不同，车桥又可分为转向桥、驱动桥、转向驱动桥和支持桥四种类型，如图 2-2-5 所示。所有车桥都有承载作用，不同的是，转向桥还有转向作用，驱动桥还有驱动作用，转向驱动桥既有转向作用又有驱动作用。其中驱动桥已在传动系统中做了介绍，支持桥除了没有转向功能，其他结构与功能与转向桥基本一致，所以这里主要介绍转向桥和转向驱动桥。

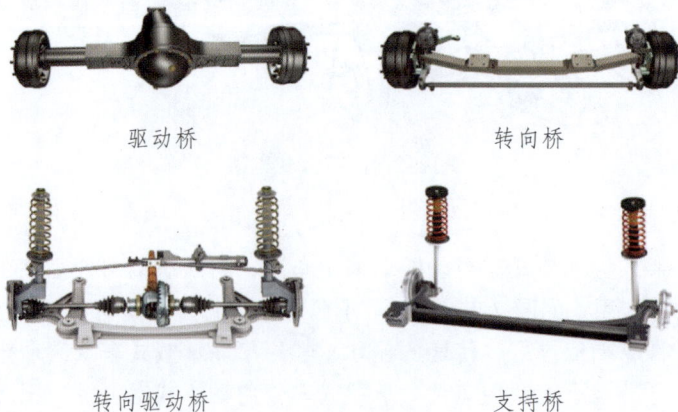

驱动桥　　　　转向桥

转向驱动桥　　　　支持桥

图 2-2-5　车桥的类型

1. 转向桥

转向桥通常位于汽车的前部，因此也常称为前桥。转向桥利用转向节使车轮偏转一定的角度以实现汽车的转向，同时还承受和传递车轮与车架之间的垂直载荷、纵向力和侧向力以及这些力形成的力矩。转向桥一般由前轴、转向节、主销、轮毂等部分组成。

2. 驱动转向桥

在结构上，转向驱动桥既具有一般驱动桥的主减速器、差速器和半轴，也具有一般转向桥所具有的转向桥壳体、主销和轮毂。不同之处是其半轴分为两部分，通过等速万向节连接。转向驱动桥广泛应用在前驱及全轮驱动的汽车上。

三、四轮定位

转向桥在保证汽车转向功能的同时，应使转向轮有自动回正作用，以保证汽车稳定直线行驶。即在偶遇外力作用发生偏转时，一旦作用的外力消失后，转向轮应能立即自动回到原来直线行驶的位置。为了保持汽车直线行驶的稳定性，转向轮、转向节、主轴和主销等应保持一定的相对位置，这种具有一定的相对位置的安装就称为转向轮定位，也称为前轮定位，其参数主要有主销后倾角、主销内倾角、前轮外倾角、前轮前束。同样地，对两个后轮来说也存在与后轴之间安装的相对位置，称为后轮定位，后轮定位包括后轮外倾（角）和后轮前束。这样前轮定位和后轮定位总起来说叫四轮定位。

1. 主销后倾角

设计转向桥时，使主销在汽车的纵向平面内，其上部有向后的一个倾角 γ，即主销轴线和地面垂直线在汽车纵向平面内，如图 2-2-6 所示。

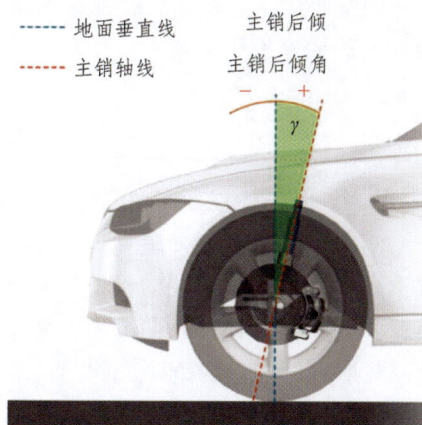

图 2-2-6　主销后倾角

主销后倾角能形成回正的稳定力矩。当汽车直线行驶时，若转向轮偶然受到外力作用而稍有偏转，将使汽车行驶方向左右偏离。这时，由于汽车本身离心力的作用，车轮与路面接触处，路面对车轮作用着一个侧向作用力，作用力对车轮形成绕主销轴线作用的力矩，其方向正好与车轮偏转方向相反。在此力矩作用下，将使车轮回到原来的中间位置，从而保证汽车稳定直线行驶。主销后倾角越大，车速越高，则转向轮的稳定效应就越强。但后倾不宜过大，一般不超过 2°～3°，否则在转向时要在转向盘上施加较大的力。

2. 主销内倾角

在设计转向桥时，主销在汽车的横向平面内，其上部向内倾斜一个 β 角，称为主销内倾角，如图 2-2-7 所示。主销内倾角也有使车轮回正的作用，当转向轮在外力作用下由中间位置偏转一个角度时，车轮的最低点将陷入路面以下。但实际上车轮下边缘不可能陷入路面以下，而是将转向车轮连同整个汽车前部向上抬起相应的高度。这样，汽车本身的重力有使转向轮回到原来中间位置的效应。

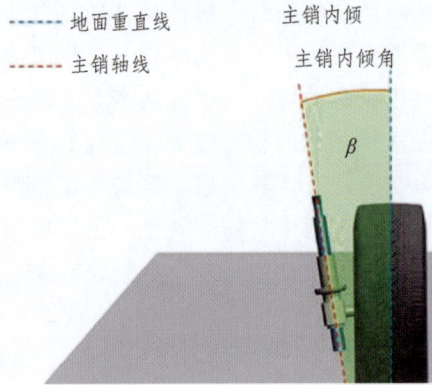

图 2-2-7　主销内倾角

前轮偏转角越大，转向轮的回正作用越强。但主销内倾角过大，则 α 减小，车轮转向时与路面间滑动较大，轮胎摩擦阻力增加，使转向沉重，加速轮胎的磨损，故一般主销内倾角不大于 8°。

3. 前轮外倾角

前轮外倾角也具有定位作用，α 是通过前轮中心的汽车横向平面与前轮平面的交线与地面垂直之间的夹角，如图 2-2-8 所示。如果空车时前轮的安装正好垂直于路面，则满载时，车桥将因承载变形而可能出现前轮内倾，这将加速汽车轮胎的偏磨损；同时，路面对前轮的垂直反作用力沿轮毂的轴向分力，将使轮毂压向轮毂外端的小轴承，加重了外端小轴承及轮毂紧固螺母的负荷。

因此，为了使轮胎磨损均匀和减轻轮毂外轴承的负荷，安装前轮时应预先使其有一定的外倾角，以防止前轮内倾，通常前轮外倾角为 1°左右。同时，前轮有了外倾角也可以与拱形路面相适应。

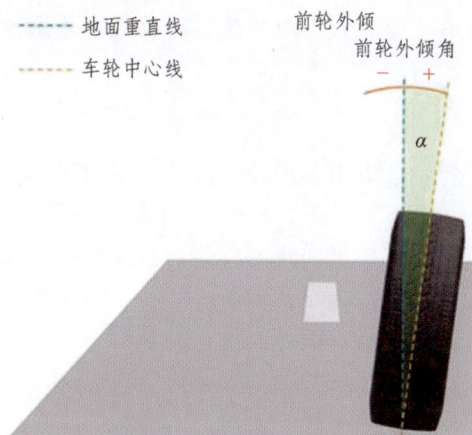

图 2-2-8　前轮外倾角

4. 前轮前束

前轮有了外倾角后，在滚动时就类似于滚锥，从而导致两侧前轮向外滚开。由于转向横拉杆和车桥的约束使前轮不可能向外滚开，前轮将在地面上出现边滚边滑的现象，从而增加了轮胎的磨损。为了消除前轮外倾带来的这种不良后果，安装前轮时使汽车两轮的中心面不平行，两轮前边缘距离小于后边缘距离，后边缘距离减去前边缘距离之差称为前轮前束值，如图 2-2-9 所示。

前轮前束可通过改变转向横拉杆长度来调整。一般汽车前束值为 0 ~ 12 mm，检查调整时可根据规定的测量位置和测量方法使两轮的前后距离之差符合要求。

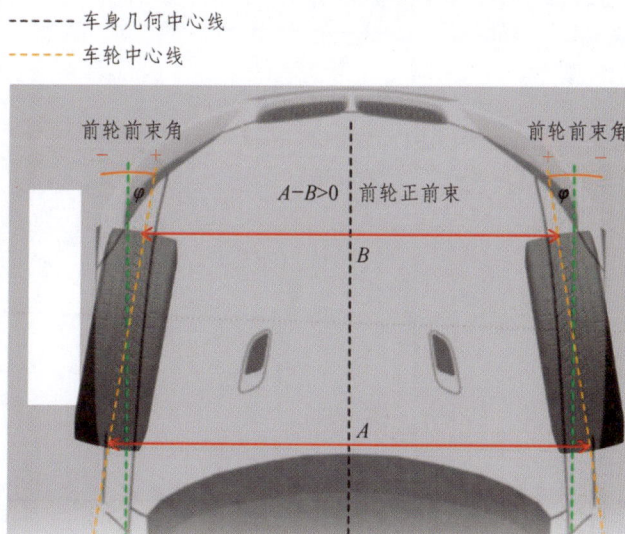

图 2-2-9　前轮前束

5. 后轮外倾角

与前轮外倾角一样，后轮外倾角也对轮胎磨损和操纵性有影响。理想状态是 4 个车轮的运动外倾角均为零，这样轮胎和路面接触良好，从而得到最佳的牵引性能和操纵性能。车轮外倾角不是静态的，它随悬架的上下移动而变化。车辆加载后悬架下沉会引起车轮外倾角改变。为了对载荷进行补偿，采用独立悬架的车辆大多数有较小的正后轮外倾角。

6. 后轮前束

与前轮前束一样，后轮前束也是后轮定位的一个重要参数。如果前束不当，后轮轮胎也会被擦伤，另外还会引起转向不稳定及降低制动效能。

汽车在路面上行驶时，最理想的状态是所有车轮的运动前束量均为零。后轮前束也不是静态的，悬架摇动和反弹时前束就会变化。对于前驱动车辆，前驱动轮宜正前束，后从动轮宜负前束；前后驱动车辆，前轮宜负前束，独立悬架的后驱动轮应尽可能为前束。

活页工单 2-2　四轮定位的检测

【接受工作任务】

根据给定轿车，对四轮定位进行检测和调节。

【制定任务实施方案】

分组查阅维修手册，测量四轮定位的主销后倾角、主销内倾角等参数。

一、任务分工

每四位同学成一组，对指定汽车进行四轮定位进行检测，并练习前轮前束的调节。每组作业时间为 45 min。任务实施步骤如下。

（1）车辆检查。

① 按照举升机操作规范，使用举升机主机举升车辆至合适高度。

② 检查车辆的外观与高度。

③ 使用钢直尺测量车后轮中心的离地间隙，如图 2-2-10 所示。

图 2-2-10　测量后轮离地间隙

④ 使用钢直尺测量悬架 1 号下臂衬套固定螺栓中心的离地间隙。如图 2-2-11 所示。

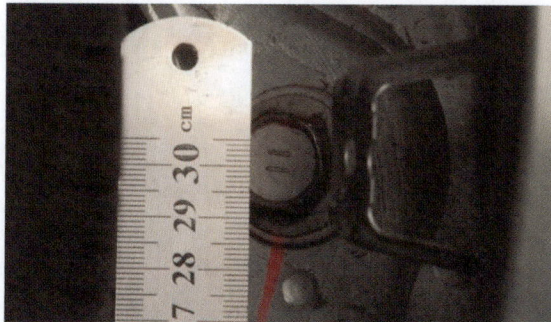

图 2-2-11　测量螺栓离地间隙

⑤ 使用钢直尺测量前轮中心的离地间隙，如图 2-2-12 所示。

图 2-2-12　测量前轮离地间隙

⑥ 使用钢直尺测量后牵引臂衬套固定螺栓中心的离地间隙，如图 2-2-13 所示。

图 2-2-13　测量螺栓离地间隙

⑦ 依次检查轮胎外观是否完好、气压是否正常。
⑧ 检查转向盘自由行程是否小于 100 mm。
⑨ 检查轮胎和轮毂的跳动度。
⑩ 将车辆前轮正确停放在转角盘中间位置。
⑪ 把垫块放置在举升机的规定位置。
⑫ 按下举升机上升按钮举升车辆至车轮离开转角盘 20 cm 左右。
⑬ 按照维修手册规定，选用百分表、磁性表座，并组装百分表，如图 2-2-14 所示。

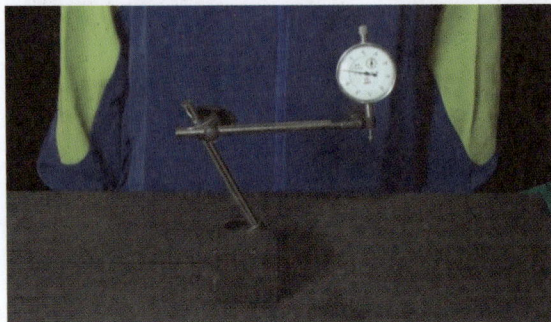

图 2-2-14　百分表

⑭ 安装磁性表座，将百分表测量轴抵靠在轮辋外缘处，并使其有约 2 mm 的压缩量。

⑮ 旋转轮胎一圈，读取端面跳动度。轮胎端面跳动标准：≤1.4 mm，如图 2-2-15 所示。

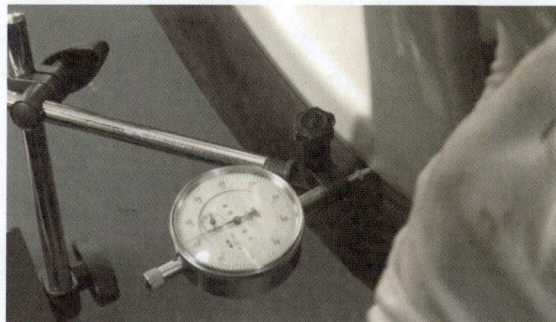

图 2-2-15 测轮胎端面跳动

⑯ 安装磁性表座，将百分表测量轴抵靠在胎冠中心，并使其有约为 3 mm 的压缩量。

⑰ 轮辋的径向跳动标准：≤0.75 mm。检查百分表吸盘是否存在吸力，以免测量时至百分表移动，如图 2-2-16 所示。

图 2-2-16 测轮辋径向跳动

（2）四轮定位仪操作。

① 进入定位仪系统界面，如图 2-2-17 所示。

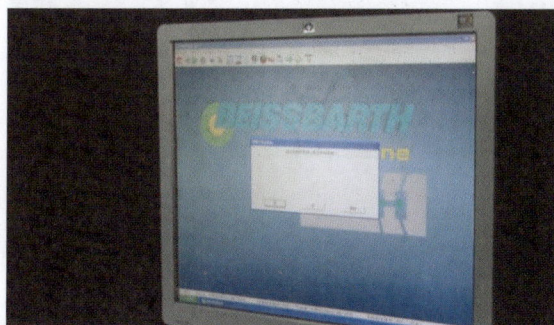

图 2-2-17 进入软件界面

② 建立车辆档案，输入车辆数据，如图 2-2-18 所示。

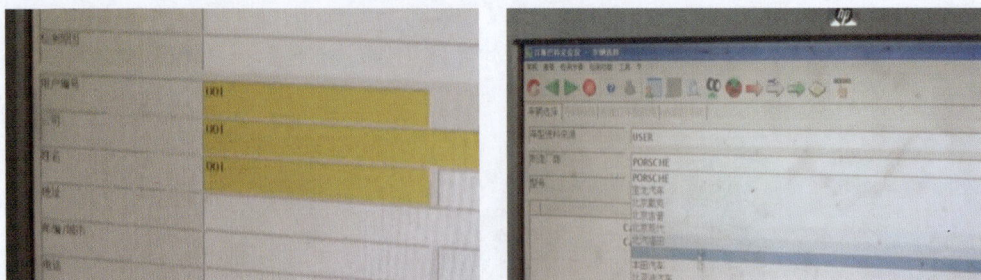

图 2-2-18　输入车辆数据

③ 输入车况信息。

（3）安装四轮定位仪夹具、传感器和连接电缆。

① 先按上升按钮，举升机解锁后按下降按钮，将举升机下降至最低锁止位置。

② 在定位仪界面点击"下一步"操作，进入夹具安装界面。

③ 依次正确安装车轮卡具，并检查卡具安装是否正常，如图 2-2-19 所示。

图 2-2-19　安装车轮卡具

④ 依次取下 4 个车轮夹具的加力杆，如图 2-2-20 所示。

图 2-2-20　取下加力杆

⑤ 水平取出传感器，将传感器安装头水平对正夹具中心槽孔，水平插入，按照此操作方法依次安装 4 个传感器，如图 2-2-21 所示。

图 2-2-21　安装传感器

⑥ 调水平，使水平气泡至中央处并锁紧，如图 2-2-22 所示。

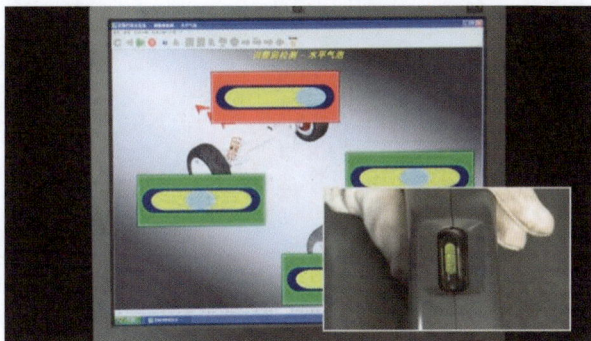
图 2-2-22　调整水平

⑦ 将传感器电缆对准传感器上方槽孔与电缆上的标记，电缆的另一端与仪器相连接，安装 4 个车轮的传感器电缆头，随后启动传感器。如图 2-2-23 所示。

图 2-2-23　安装电缆

（4）偏位补偿。

① 放置两侧车轮挡块，将变速箱换挡杆置于空挡，并释放驻车制动器。

② 按下举升机上升按钮，举升车辆至车轮离开转角盘 10 cm 左右。

③ 按设备要求进行四轮偏位补偿计算，如图 2-2-24 所示。

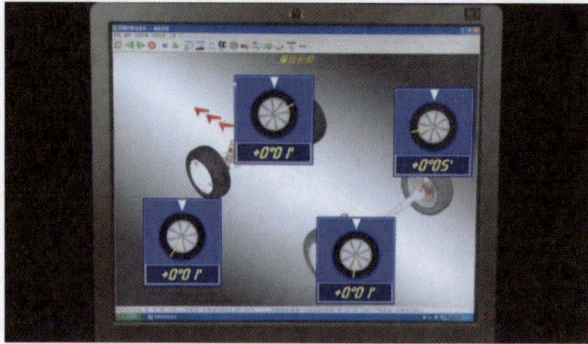

图 2-2-24　偏位补偿计算

④ 补偿结束后，拔出转角盘和后滑板的固定销。

⑤ 将举升机下降至最低锁止位置。

（5）车轮定位检测。

① 移开两后轮挡块。

② 检查两后轮是否落在后滑板上正确位置。

③ 检查两前轮中心是否落在转角盘中心。

④ 检查插入刹车锁是否安装到位。

二、异常情况处理办法

【任务考核】

项目二　行驶系统的构造与维修			
任务二　车架和车桥的维修			
姓名		组别	
班级		学号	
题型	考核题目		得分
单选	（1）以下对于汽车行驶系统功用描述不正确的是（　　）。 A. 通过驱动轮与路面间的附着作用，产生路面对驱动轮的驱动力 B. 传递不承受路面作用于车轮上的各向发作用力及其所形成的力矩 C. 尽可能缓和不平路面对车身造成的冲击，并衰减其振动，以保证汽车行驶平顺性 D. 与汽车转向系统协调配合工作，实现汽车行驶方向正确控制，以保证汽车操纵稳定性 （2）旋转轮胎一圈，读取端面跳动度。轮胎端面跳动标准为（　　）。 A. 2.4 mm　　B. 1.6 mm　　C. 1.4 mm　　D. 1.9 mm		
判断	（1）车桥通过悬架和车架相连，车桥两端安装车轮，其功用是传递车架与车轮之间各方向的作用及其力矩。（　　） （2）转向桥没有使转向轮自动回正的作用。（　　） （3）转向轮偶然受到外力作用而稍有偏移，将使汽车行驶方向向右偏离。（　　） （4）为了使轮胎磨损均匀和减轻轮毂外轴承的负荷，安装前轮时应预先使其有一定的外倾角，以防止前轮内倾。（　　）		
总分			

任务三　轮胎和车轮的维修

【情境导入】

车主王先生驾驶一辆轿车，在行驶过程中，需要紧握方向盘，否则车辆会向一侧跑偏。4S 店维修技师经过检测及路试检查，认为需要对行驶系统做进一步检测。

接车与填写接车问诊表

接 车 问 诊 表			
车牌号：	车架号：	行驶里程：	（km）
用户名：	电话：	来店时间：	
用户陈述及故障发生时的状况：车身抖动，车辆跑偏			
故障发生状况提示：行驶速度、发动机状态、发生频率、发生时间、部位、天气、路面状况、声音描述			
接车员检测确认建议：检查整个行驶系统			
车间检测确认结果及主要故障零部件：			
车间检查确认者：			

外观确认：	功能确认：（工作正常 √　不正常 ×）
（请在有缺陷部位作标识）	□音响系统　□门锁（防盗器）□全车灯光 □工具　　　□后视镜　　□天窗　□座椅 □点烟器　　□玻璃升降器　　□玻璃 物品确认：（有 √　　无 ×） 贵重物品提示 □工具　　　　　□备胎 □灭火器　　　　□其他 （　　　　　　　　　　） 旧件是否交还用户 □是　　　□否 用户是否需要洗车 □是　　　□否

　·检测费说明：本次检测的故障如用户在本店维修，检测费包含在修理费用内；如用户不在本店维修，请您支付检测费。本次检测费：¥　　　　元。

　·贵重物品：在将车辆交给我店检查修理前，已提示将车内贵重物品自行收起并保存好，如有遗失恕不负责。

　接车员：　　　　　　　　　　　　用户确认：

【信息分析】

查阅相关资料，尝试回答如下问题。

（1）车轮和轮胎的功用是什么，它们的组成分别有哪些？

（2）车轮和轮胎有哪些类型？

（3）车轮为何需要动平衡，其主要步骤是什么？

【信息收集】

一、车轮的功用和分类

1. 车轮的功用

车轮是介于轮胎和车桥之间承受负荷的旋转件，通常由轮辋、轮毂，以及连接这两者的轮辐（轮盘）组成，如图 2-3-1 所示。其作用是安装轮胎、连接半轴或转向节，并承载汽车重力，传递半轴或转向节传来的力矩。轮毂通过轴承支撑在半轴套管或转向节轴上，轮辋用于安装轮胎，轮辐用于连接轮毂和轮辋。

| 轮毂 | 轮辋 | 辐板 | 螺栓 |

图 2-3-1　车轮的组成

2. 轮辐的类型

按轮辐的结构，车轮主要有两种类型，即辐板式和辐条式，如图 2-3-2 所示。普通客车和轻、中型货车普遍采用辐板式车轮，其辐板多由冲压制成，重型汽车的辐板和轮毂是铸成一体的。辐条式车轮是用若干条辐条将轮辋和轮毂组装在一起，辐条与轮毂既可以铸造成一体，也可以用螺栓连接。与辐板式车轮相比，辐条式车轮还有时尚美观的优点，所以主流的家用车都采用辐条式车轮。

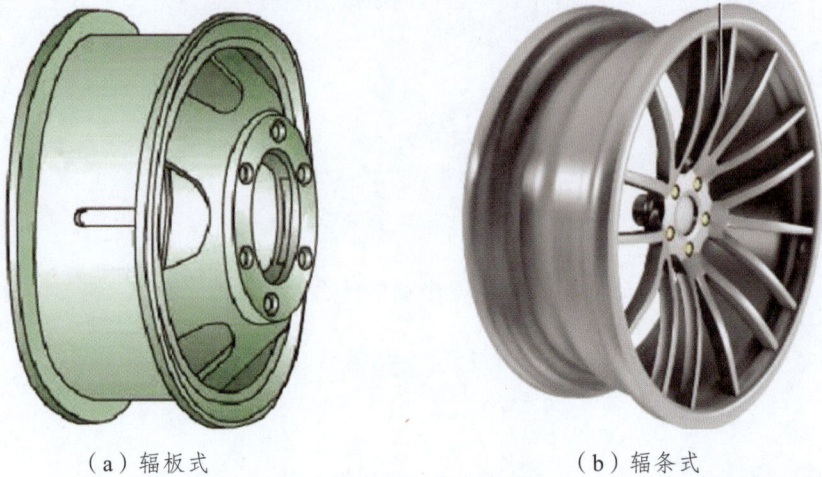

（a）辐板式　　　　　　　　　　　　（b）辐条式

图 2-3-2　轮辐的结构类型

3. 轮辋的类型

轮辋又称为钢圈，是装配和固定轮胎的基础。按照结构特点的不同，轮辋可分为深槽轮辋、平底轮辋和对开式（可拆式）轮辋三种形式，如图 2-3-3 所示。

深槽轮辋　　　　　　　　　　　平底轮辋　　　　　　　　　　　对开式轮辋

国产轮辋轮廓类型代号：DC　　国产轮辋轮廓类型代号：FB　　国产轮辋轮廓类型代号：DT

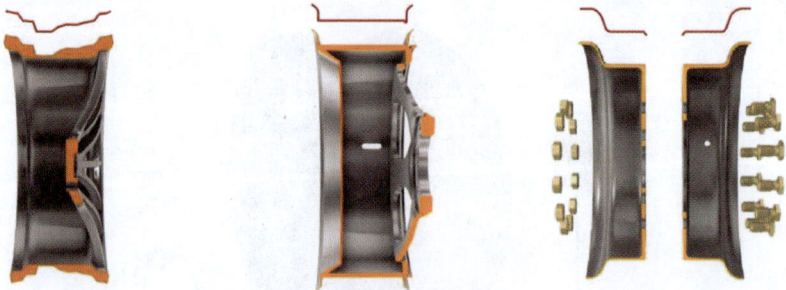

图 2-3-3　轮辋的结构类型

深槽轮辋是整体式的，因其中部有一条便于拆装轮胎的环形深凹槽而得名。凹槽两侧与轮胎胎圈配合的台肩通常是倾斜的，其倾斜角一般为 5°，此角称为胎圈座角。对于无内胎轮胎的轮辋，为了提高胎圈与轮辋的贴合程度，胎圈座角较大。深式轮辋结构简单、刚度大、质量较轻，适用于小尺寸弹性较大的轮胎。一般凹槽较浅的深式轮辋也称半深槽轮辋，适用于轻型货车。断面较宽的深式轮辋称为深槽宽轮辋，主要用于小轿车及小吨位货车上。

平底轮辋的底面是平的，一侧有凸缘，另一侧为可拆装挡圈。挡圈是整体的，其固定有多种形式，常用弹性开口锁环嵌入轮辋环槽，以防止挡圈脱出。安装轮胎时，先将轮胎套在轮辋上，然后套上挡圈，并将它向内推，直至越过轮辋上的环形槽，再将开口的弹性锁圈嵌入环形槽中。货车轮胎尺寸较大，胎圈较硬，宜采用这种轮辋，以便于轮胎的装卸。

对开式轮辋由内外两部分组成，这两部分用螺栓连成一体。拆装轮胎时，只需拧下螺栓的螺母即可。挡圈也可拆卸。这种轮辋只能装有单个轮胎，主要用于大、中型越野车。

二、轮胎的功用和分类

1. 轮胎的功用

现代汽车都采用充气式轮胎，轮胎安装在轮辋上，直接与路面接触。其功用：支撑汽车的重力，承受路面传来的各种载荷；和汽车悬架共同缓和汽车行驶中所受到的冲击，并衰减由此而产生的振动，以保证汽车有良好的乘坐舒适性和行驶平顺性；保证车轮和路面有良好的附着性，以提高汽车的动力性、制动性和通过性。

2. 轮胎的分类

按照组成结构不同，轮胎可分为有内胎和无内胎两种，如图 2-3-4 所示。

有内胎的轮胎由外胎、内胎和垫带组成。内胎是一个环形的橡胶管，上面装有气门嘴，以便充气或排气。为在充气状态下内胎不产生折皱，其尺寸稍小于外胎内壁尺寸。垫带是一个环形的橡胶带，它垫在内胎与轮辋之间，保护内胎不被轮辋和胎圈擦伤，还可防止尘土及水汽侵入胎内。外胎是保护内胎的强度较高而又有一定弹性的外壳，用耐磨橡胶制成，直接与地面接触。外胎由胎面、帘布层、缓冲层和胎圈等组成。

无内胎轮胎俗称"真空胎"，在外观上与普通轮胎相似，但是没有内胎及垫带。它的气门嘴用橡胶垫圈和螺母直接固定在轮辋上，空气直接充入外胎中，其密封性由外胎和轮辋来保证。

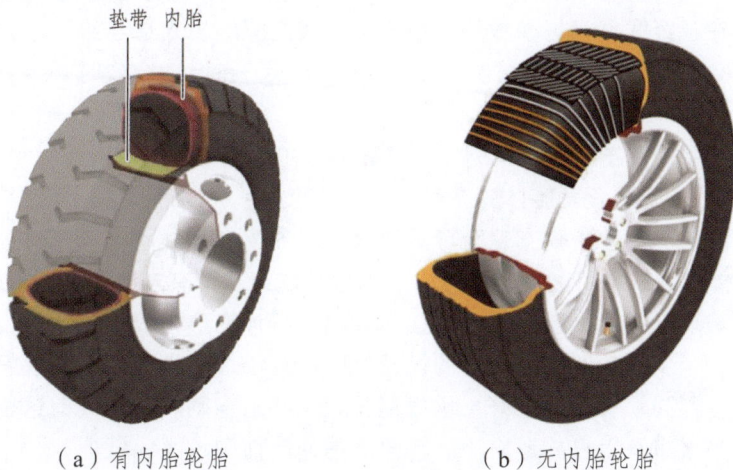

垫带 内胎

（a）有内胎轮胎　　　　　　（b）无内胎轮胎

图 2-3-4　按有无内胎分类

按照胎面花纹的不同，轮胎可分为普通花纹、越野花纹和混合花纹三种，如图2-3-5所示。

普通花纹的特点是花纹细而浅，花纹块接地面积大，适用于较好路面。其中纵向花纹轮胎的滚动阻力小，防侧滑和散热性好，噪声低，高速行驶性能好，但甩石性和排水性较差。横向花纹轮胎的耐磨性能好，不易夹石子，但是散热性能差，工作噪声大，不易高速行驶。越野花纹的特点是沟槽深而宽，花块接地面积小，防滑性好，花纹有人字形和马牙形等。安装人字形花纹轮胎时，花纹"人"字尖端的指向要与汽车前进时车轮旋转方向一致，以提高排泥性能。混合花纹介于普通花纹和越野花纹之间。

图 2-3-5　按胎面花纹分类

按其胎体内帘线排列的方向，轮胎可分为普通斜交轮胎和子午线轮胎，如图2-3-6所示。

普通斜交轮胎是帘布层和缓冲层各相邻层帘线交叉，且与胎面中心线呈小于90°排列的充气轮胎，通常由成双数的多层帘布用橡胶贴合而成。帘布的帘线与轮胎子午断面的交角（胎冠角）一般为 52°～54°，相邻层帘线相交排列。帘布由纵向强韧的经线和放在各经线之间的少数纬线织成，帘线由棉线、人造丝线、尼龙线、钢丝制成。普通斜交轮胎的优点是噪声小，外胎面柔软，在低速行驶时乘坐舒适感好，价格便宜。

子午线轮胎是帘布层帘线排列方向与轮胎子午断面（即胎面中心线）呈90°或接近90°排列，以带束层箍紧胎体的充气轮胎。其特点：帘线这样排列能使其强度被充分利用，帘布层数比普通斜交轮胎可减少 40%～50%；帘线不是交错排列，没有偶数限制，胎体较柔软；帘线在圆周方向只靠橡胶联系，具有若层帘线，形成束带层，束带层采用玻璃纤维、聚酰胺纤维等强度较高、拉伸变形小的织物制造。与普通斜交轮胎相比，子午线轮胎具有更多的优越性：质量小、弹性大、耐磨性好、滚动阻力小、附着性能强、缓冲性能好、承载能力大、不易穿刺。由于具有这些优点，子午线轮胎在当代汽车上已广泛应用。其缺点是外胎面刚性大，低速时，不容易吸收路面凹凸及接缝产生的冲击，胎侧易裂口，制造要求高，成本高，由于胎侧柔软，被刺后伤痕易扩大，并且侧向稳定性差。

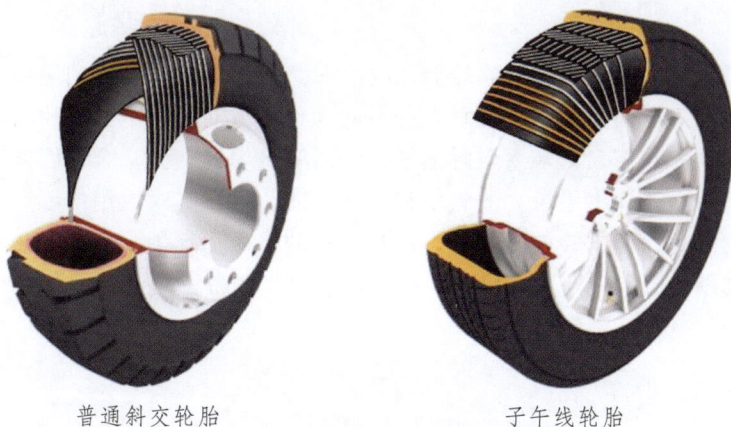

普通斜交轮胎　　　　　子午线轮胎

图 2-3-6　按胎体内帘线排列分类

三、轮胎的维护

1. 轮胎换位

为使轮胎均匀磨损，汽车每行驶 6 000 ~ 8 000 km 应进行轮胎换位（见图 2-3-7），换位要包括备胎。不同规格或不同帘线结构的轮胎不得混合使用，不得使用低于规定层级的轮胎，不许混用窄轮辋或窄轮胎。两前轮与两后轮交换，后轮平移这种四轮换位方法的优点很多，前轮的旋转方向没有改变，可以保持很好的操控性和稳定性。前驱车的驱动和转向都是由前轮担负，前轮换位后的旋转方向一致性是保证行车稳定性和良好操控性的关键。后轮只是随动和负重功能，轮胎旋转方向的变化，对于后轮来说影响很小。这样的换位方法可以最高限度地提高操控性和稳定性，同时又能使四轮磨损均匀。经推算，如此的换位顺序，经过四次后，四轮在各个位置都被使用过，第五次开始一个新的换位循环。如果每次换位后，再把前轮作一下动平衡，这是对轮胎最好的保养维护。

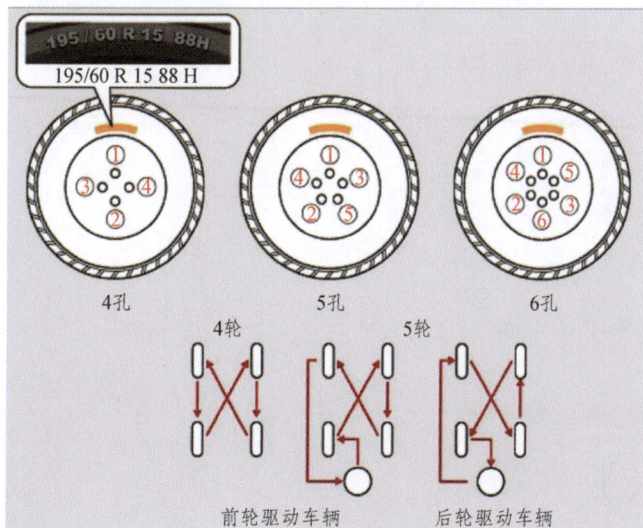

图 2-3-7　轮胎换位路线图

2. 轮胎动平衡

无论是新轮胎还是维修后的轮胎，在装车之前都要进行轮胎动平衡试验。车轮动不平衡时，不平衡力的水平和垂直分力的大小和方向都在不断变化。垂直分力使车辆产生振动和噪声，影响乘坐舒适性，使驾驶员容易疲劳，容易困倦而发生交通事故；对于转向轮，水平分力的大小和方向的变化，使其对主销中心产生的力矩和方向也随之变化，引起转向轮摆振，影响汽车的操纵稳定性、直线行驶稳定性和行驶安全，加剧轮胎和转向系统机件的磨损，缩短其寿命。

活页工单 2-3　轮胎和车轮的维修

【接受工作任务】

根据给定轿车，对左后车轮进行动平衡校准。

【制定任务实施方案】

分组查阅维修手册，拆卸左后车轮，进行动平衡校准，安装左后车轮。

一、任务分工

每四位同学成一组，对指定汽车进行车轮动平衡校准。每组作业时间为 45 min。任务实施步骤如下。

（1）拆卸轮胎和车轮，如图 2-3-8 所示。

注意：如果渗透性机油沾到车轮和制动盘或制动鼓之间的垂直表面上，则车辆行驶时会导致车轮松动，造成车辆失控和伤人事故。

由于车轮和轮毂/轴之间所用材料不同或者安装太紧，车轮可能难以拆下。我们可以通过用橡胶锤轻轻地敲打轮胎侧面来拆下车辆。不遵循此说明可能会导致车轮损坏。

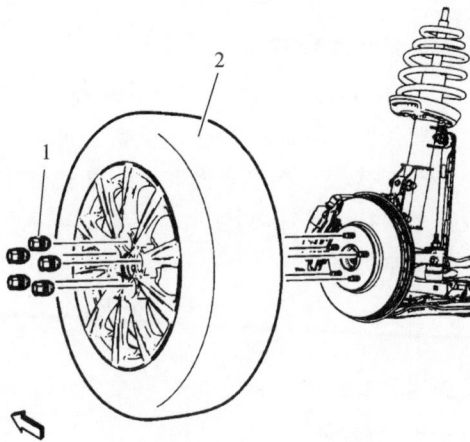

1—车轮螺母；2—车轮。

图 2-3-8　车轮的拆卸

① 举升并妥善支撑车辆。

② 拆下车轮中心盖。

③ 标记车轮相对于轮毂的位置。

④ 拆下车轮螺母。

⑤ 将车轮总成从车辆上拆下。

（2）动平衡校准。

警告：轮胎平衡前未遵循以下注意事项，可能导致人身伤害或部件损坏： 清除车轮内侧的污物或积垢；清除胎面上的石子；戴好护眼罩；在铝制车轮上使用有涂层的配重块。

① 在轴上没有车轮或任何适配器的状态下，转动平衡机（见图2-3-9）。

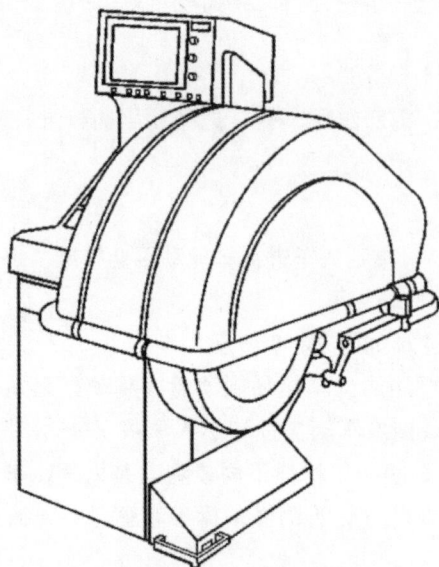

图 2-3-9　平衡机

② 检查平衡机读数，如果平衡机在规格范围内（0~7 g），则使用同一个平衡机将轮胎和车轮总成平衡到"ZERO（零）"，即在径向和横向跳动公差范围内。

③ 在轮胎和车轮总成平衡后，在车轮的任一位置上加上85 g的测试配重块，再次旋转轮胎和车轮总成，记下读数（在静平衡和动平衡模式下，平衡机应要求在与测试配重块相对180°位置上再加上85 g的配重块。在动平衡模式下，还应在与测试配重块相对的车轮凸缘上增加配重块）。

④ 在总成不平衡达85 g情况下，转动平衡机5次。

⑤ 检查平衡机读数，0~7 g即为合格。

⑥ 在平衡机轴上重新定位轮胎和车轮总成，从其原来位置旋转90°。

⑦ 总成置于新的位置后，旋转平衡机。

⑧ 检查平衡机读数，0~7 g即为合格。

⑨ 重复步骤⑥~⑧，直到轮胎和车轮总成在平衡机轴的4个位置上依次进行了旋转和检查。

（3）配重块的使用方法（黏接式）。

注意：在将黏接式配重安装在无法兰车轮上时，不要将配重安装在轮辋外侧表面上；不可使用研磨材料清洁任何车轮表面。

① 确定配重块放置在车轮上的正确位置。进行静平衡时，如果要求仅28 g或以下的配重块，则在车轮内侧表面上沿车轮中心线（a）放置车轮配重块。如果要求28 g

以上的配重块，则尽可能在车轮中心线和车轮内表面（b）的内侧边缘之间均匀分配配重块。进行动平衡时，按车轮平衡机指定的位置，沿车轮中心线和车轮内表面（b）的内侧边缘放置配重块，如图 2-3-10 所示。

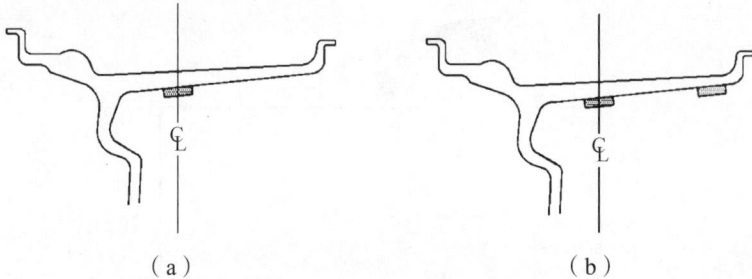

（a）　　　　　　　　　　　　　　　　（b）

图 2-3-10　确定配重块位置

② 确保车轮配重块与制动系统部件之间留有足够的间隙。

③ 使用浸有通用清洁剂的干净抹布或纸巾，彻底清除指定配重附着区域的任何腐蚀物、飞漆、灰尘或任何其他杂质。

④ 为确保没有任何残余物，用干净的抹布或纸巾沾取按 1∶1 混合的异丙醇和水混合液，再次擦拭配重块的安装部位。

⑤ 用热风干燥安装部位，直到车轮表面摸上去温热。

⑥ 加热车轮配重上的黏合剂背衬至室温。

⑦ 将配重块背面的背胶衬纸撕下。切勿触摸背胶胶面。

⑧ 将车轮平衡配重粘在车轮上，用手将其压入到位。

⑨ 用辊子施加 90 N 的力，将配重块固定到车轮上。

（4）安装轮胎和车轮。

注意：通过使用中间孔或车轮双头螺栓将轮盘与前轮毂对准；按如图 2-3-11 所示顺序均匀地交替紧固螺母，以避免跳动量过大。

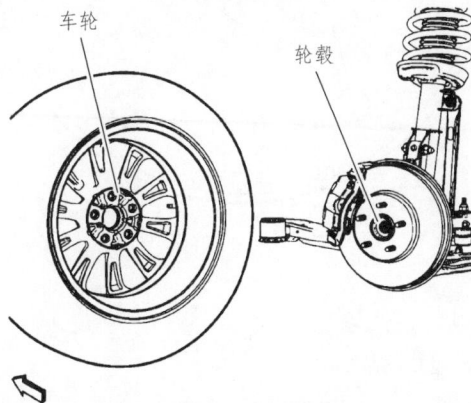

车轮　　　　轮毂

图 2-3-11　安装轮胎和车轮

① 清除车轮和轮毂安装面上的所有锈蚀或异物。

② 清洁车轮双头螺栓和车轮螺母上的螺纹。

③ 为阻止中间座椅卡入车轮，安装之前用轴承油脂轻轻涂抹在轮辋的内侧中间座椅上，如图 2-3-12 所示。

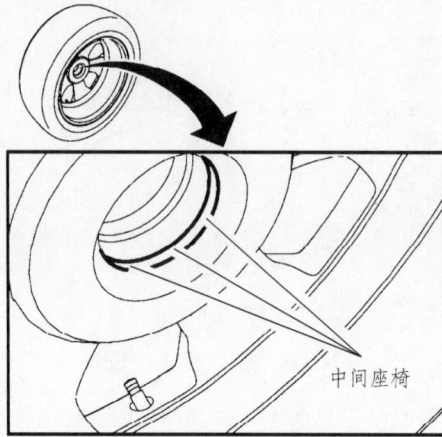

图 2-3-12　涂抹油脂后安装车轮

④ 安装轮胎和车轮总成。将车轮定位标记对准轮毂。

⑤ 安装车轮螺母。

⑥ 按如图 2-3-13 所示顺序将车轮螺母紧固至 140 N。

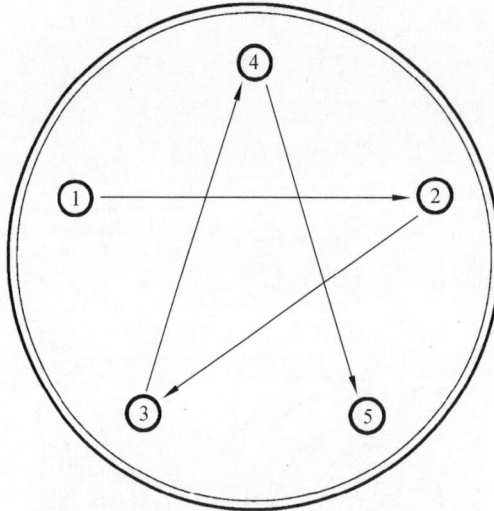

图 2-3-13　紧固螺母

⑦ 安装车轮中心盖。

二、异常情况处理办法

【任务考核】

项目二　行驶系统的构造与维修		
任务三　轮胎和车轮的维修		
姓名	组别	
班级	学号	
题型	考核题目	得分
单选	（1）外胎结构中，起承受负荷作用的是（　　）。 A. 胎面　　B. 胎圈　　C. 帘布层　　D. 缓冲层 （2）轿车车轮使用的轮辋是（　　）。 A. 深槽轮辋　　　　　　B. 平底轮辋； C. 平底（可拆式）轮辋　　　　D. 对开（可拆式）轮辋 （3）轮胎的不动平衡量应调整至（　　）。 A. 2 g 以内　　B. 5 g 以内　　C. 10 g 以内　　D. 15 g 以内	
判断	（1）行驶系统一般由车架、车桥、车轮和悬架等部分组成。（　　） （2）车轮连接轮辋和轮毂的是钢圈。（　　） （3）子午线轮胎比普通轮胎承载能力强是因为其帘布层层数多。（　　） （4）轮胎的层数是指帘布层的实际层数。（　　） （5）动平衡机使用时应输入的数据有轮辋宽度和轮辋直径。（　　） （6）轮胎的不动平衡量应调整至 5 g 以内。（　　） （7）一般大型汽车的轮胎螺栓采用的是车身左边为左旋，右边为右旋螺纹。（　　）	
总分		

任务四　悬架的维修

【情境导入】

车主王先生驾驶一辆轿车，在行驶过程中，需要紧握方向盘，否则车辆会向一侧跑偏。4S 店维修技师经过检测及路试检查，认为需要对行驶系统做进一步检测。

接车与填写接车问诊表

接 车 问 诊 表		
车牌号：　　　　　　车架号：　　　　　　　　行驶里程：　　　　　　（km）		
用户名：　　　　　　电话：　　　　　　　　　来店时间：		
用户陈述及故障发生时的状况：车身抖动，车辆跑偏		
故障发生状况提示：行驶速度、发动机状态、发生频率、发生时间、部位、天气、路面状况、声音描述		
接车员检测确认建议：检查整个行驶系统		
车间检测确认结果及主要故障零部件：		
车间检查确认者：		
外观确认：（请在有缺陷部位作标识）	功能确认：（工作正常 √　不正常 ×） □音响系统　□门锁（防盗器）□全车灯光 □工具　　　□后视镜　□天窗　□座椅 □点烟器　　□玻璃升降器　□玻璃	
	物品确认：（有 √　无 ×）	贵重物品提示 □工具　　　　□备胎 □灭火器　　　□其他 （　　　　　　　　　） 旧件是否交还用户 □是　　□否 用户是否需要洗车 □是　　□否
·检测费说明：本次检测的故障如用户在本店维修，检测费包含在修理费用内；如用户不在本店维修，请您支付检测费。本次检测费：¥　　　　元。 ·贵重物品：在将车辆交给我店检查修理前，已提示将车内贵重物品自行收起并保存好，如有遗失恕不负责。		
接车员：　　　　　　　　　　　　　用户确认：		

【信息分析】

查阅相关资料，尝试回答如下问题。

（1）悬架的作用是什么，有哪些类型？

（2）麦弗逊独立悬架的原理和特点是什么？

（3）独立悬架与非独立悬架的区别有哪些？

【信息收集】

一、悬架的功用

悬架是车架（或承载式车身）与车桥（或车轮）之间的所有传力连接装置的总称，主要由弹性元件、减振装置和导向机构等组成，如图 2-4-1 所示。

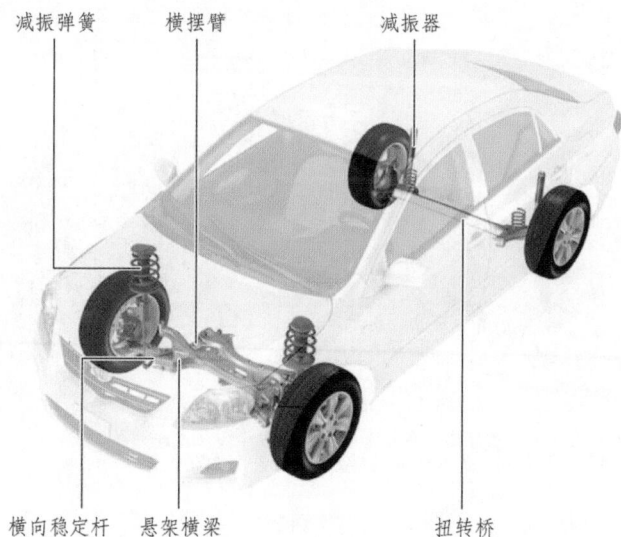

图 2-4-1　悬架的组成

1. 传递垂直反力

路面作用于车轮上的垂直反力，纵向反力和侧向反力以及这些反力所造成的力矩传递到车架（或承载式车身）上，保证汽车的正常行驶，如图 2-4-2 所示。

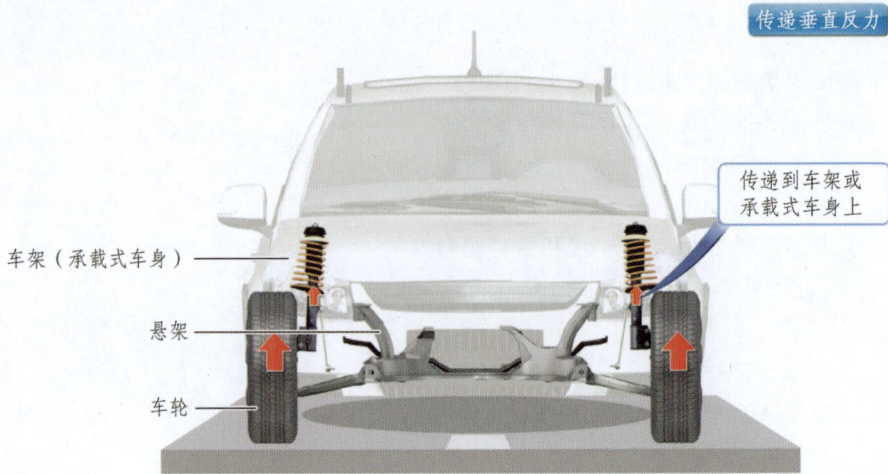

传递垂直反力

传递到车架或
承载式车身上

车架（承载式车身）

悬架

车轮

悬架的功用是把路面作用于车轮上的垂直反力（支撑力）以及力所
造成的力矩传递到车架（或承载式车身）上，以保证汽车的正常行驶

图 2-4-2　传递垂直反力

2. 传递纵向反力

路面作用于车轮上的纵向反力（驱动力和制动力）及其所造成的力矩传递到车
架（或承载式车身）上，保证汽车的正常行驶，如图 2-4-3 所示。

车架（承载式车身）悬架 车轮　传递纵向反力

路面作用于车轮上的
纵向反力（制动力）

悬架的功用是把路面作用于车轮上的纵向反力（驱动力和制动力）以及力
所造成的力矩传递到车架（或承载式车身）上，以保证汽车的正常行驶

图 2-4-3　传递纵向反力

3. 传递侧向反力

路面作用于车轮上的侧向反力以及力所造成的力矩传递到车架（或承载式车身）
上，保证汽车的正常行驶，如图 2-4-4 所示。

图 2-4-4　传递侧向反力

二、悬架的分类

根据结构的不同，悬架可分为非独立和独立悬架两大类。

1. 非独立悬架

非独立悬架如图 2-4-5 所示。其特点是两侧车轮安装于一整体式车桥，车轮连同车桥一起通过弹性元件挂在车架或车身上。一侧车轮受冲击力时会直接影响到另一侧车轮，当车轮上下跳动时定位参数变化小。非独立悬架由于承载质量比较大，高速行驶时悬架受到冲击载荷比较大，平顺性较差。但这种悬架结构简单、制造方便，故被载货汽车普遍采用。

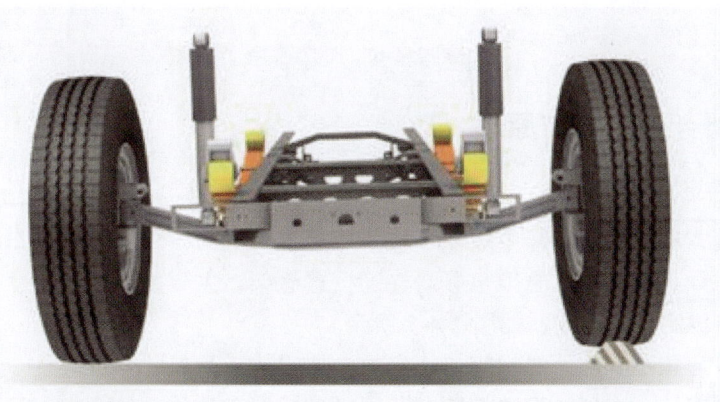

图 2-4-5　非独立悬架

2. 独立悬架

独立悬架（见图 2-4-6）的结构特点是两侧车轮各自单独地通过弹性元件与车架（或车身）相连，并且采用断开式车桥。当一侧车轮相对于车架（或车身）的位置发生变化时，另一侧车轮不受影响。这种悬架结构复杂，但车身的平稳性和高速行驶的稳定性较好，因此在轿车和小客车上得到普遍采用。

独立悬架提高了汽车行驶的平顺性、操纵稳定性和乘坐舒适性。与非独立悬架比较，它具有以下特点：

（1）在悬架弹性元件一定的变形允许范围内，两侧车轮可以单独运动而互不影响，可以减少汽车在不平路面上行驶时车架和车身的振动。

（2）减少了汽车的非簧载质量。在道路条件和车速相同时，非簧载质量愈小，则悬架所受冲击载荷也愈小。

（3）采用断开式车桥，降低了汽车质心，提高汽车的行驶稳定性；并使车轮上下运动的空间增大，因而可以将悬架刚度设计得较小，使车身振动频率降低，以改善汽车行驶的平顺性和乘坐舒适性。

但是，独立悬架结构复杂，制造成本高，保养维修不便。

图 2-4-6 独立悬架

三、悬架的结构与原理

1. 麦弗逊式独立悬架

麦弗逊式悬架是近年来中级以下轿车使用很广泛的一种悬架，是车轮沿主销移动悬架的一种。麦弗逊式悬架也称滑柱连杆式悬架，主要由螺旋弹簧、减振器、横摆臂、横向稳定杆等组成，如图 2-4-7 所示。

减振器与套在其外面的螺旋弹簧合为一体，构成悬架的弹性支柱。支柱的上端与车身挠性连接，支柱的下端与转向节刚性连接。车轮所受的侧向力通过转向节大部分由横摆臂承受，其余部分由减振器活塞和活塞杆组成。

相对于多连杆式独立悬架和双叉臂式独立悬架来说，麦弗逊式悬架突出的优点是两前轮内侧的空间比较大，便于发动机和其他一些部件的布置。但由于减振器和螺旋弹簧都是对车辆上下的晃动起到支撑和缓冲，对于侧向反力没有提供足够的支撑力度，使得车辆转向侧倾以及刹车点头现象比较明显，增加稳定杆以后有所缓解但无法从根本上解决问题，并且耐用性不高，减振器容易漏油，需要定期更换。

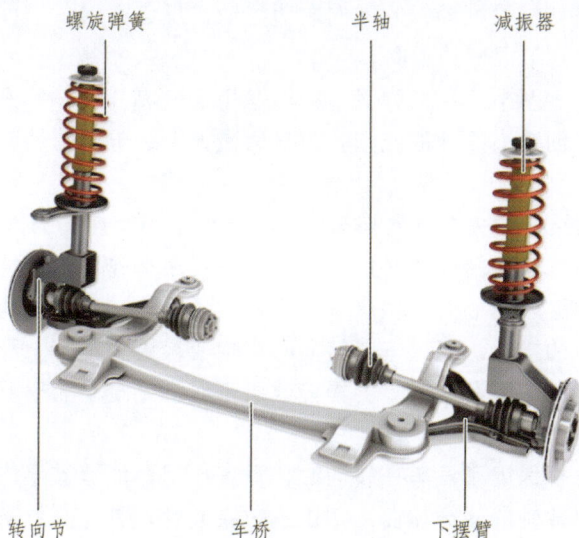

图 2-4-7　麦弗逊式独立悬架

减振器上端支座中心与横摆臂外端下球节中心的连线称为主销轴线。麦弗逊式悬架没有传统的主销实体，当车辆在行驶中受到冲击，车轮上下跳动时，减振器的下支点随横摆臂摆动，主销轴线发生变化，车轮沿着摆动的主销轴线而运动。因此，当这种悬架变形时，车轮、主销的倾角和轮距都会有些变化，但合理的杆系布置和调整可以将这些变化控制在很小的范围内。

2. 瓦特连杆扭力梁悬架

"瓦特连杆"最初是由英国传奇发明家兼工程师詹姆斯·瓦特所发明的。别克威朗的后悬架就是采用这种结构，以此来减少后轮侧向力对车轮前束的影响。它也减少了在转弯时侧向力产生的离心，使两侧车轮受力始终与路面保持最适宜的接触，达到最佳的附着力，既提高了车辆的驾乘舒适性，也加强了车辆循迹性。

瓦特连杆扭力梁悬架如图 2-4-8 所示，各部件介绍如下。

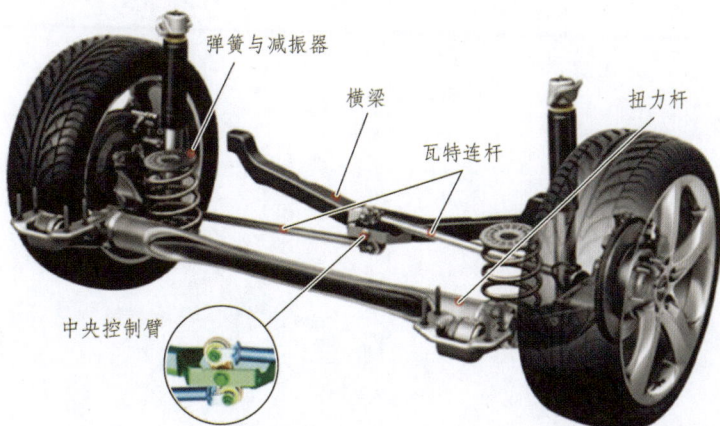

图 2-4-8　瓦特连杆扭力梁悬架

中央控制臂。这个由一套三链杆组成的中央控制臂被安置在一个铝制方形封盖后方，当控制臂被从左边推动，它就向右边拉动，反之亦然。这样的话，车子的动力就在左右轮中得到了很好的平衡。

弹簧与减振器。图中后悬架弹簧与减振器相互分离。这样的设计不仅提供了更紧凑的结构而且还创造出额外的空间，为日后诸如安装电力驱动所用的电池留出了空隙。

横梁。这根横梁在中央控制臂与车体之间起到了固定连接的作用。

瓦特连杆。当汽车在转向的时候，离心力作用在车轮上。瓦特连杆的作用就是平衡两边车轮上的这些离心力，将这些力反转到另一边。这样，两边车轮就能始终与路面保持最适宜的接触，而汽车在转向时也就变得更加灵活。配备了欧宝专利技术的瓦特连杆之后的车型，从实际的操控效果来看，完全不亚于配备普通独立悬挂的后轴车型。

扭力杆。扭力杆保证了汽车在转向时，垂直作用力能够被平均地分配作用到两个后轮。这是通过轮轴的轻微扭曲（扭矩）来完成的，其自身的特性让这个过程成为了可能。

活页工单 2-4　悬架的维修

【接受工作任务】

根据给定的轿车，对左后车轮进行动平衡校准。

【制定任务实施方案】

分组查阅维修手册，拆卸左后车轮，进行动平衡校准，安装左后车轮。

一、任务分工

1. 任务实施准备

（1）结构认知。

查阅维修手册，回顾悬架的结构组成，准确说出如图 2-4-9～图 2-4-10 所示不同编号零部件的名称。

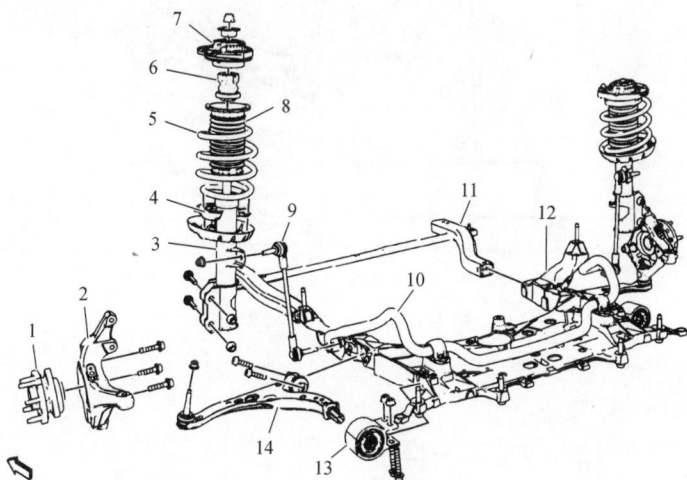

图 2-4-9　前悬架部件

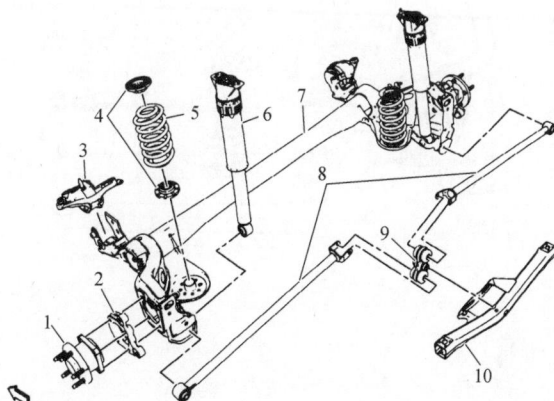

图 2-4-10　后悬架部件

（2）专用工具：

CH-51034 导销；

EN-45059 角度测量仪。

2. 前悬架稳定杆的更换

① 断开蓄电池的负极电缆。

② 将中间转向轴从转向机上断开。

③ 转向柱前围板内部密封件拆下。

④ 拆下前轮轮胎和车轮总成。

⑤ 拆下前轮罩衬及前舱防溅罩。

⑥ 拆下稳定连杆螺母，如图 2-4-11 所示。

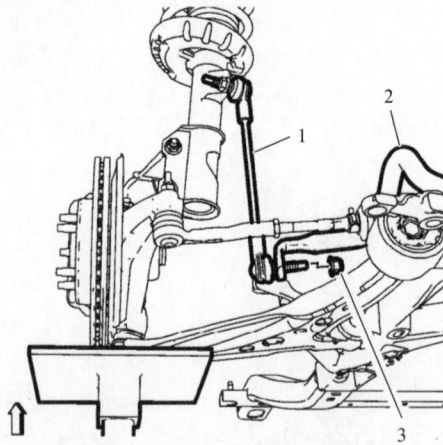

1—前稳定杆连杆；2—稳定杆；3—稳定杆连杆螺母。

图 2-4-11　拆稳定杆螺母

⑦ 将外转向横拉杆从转向节上断开。

⑧ 松开转向机隔热罩。

⑨ 断开电气连接器，如图 2-4-12 所示。

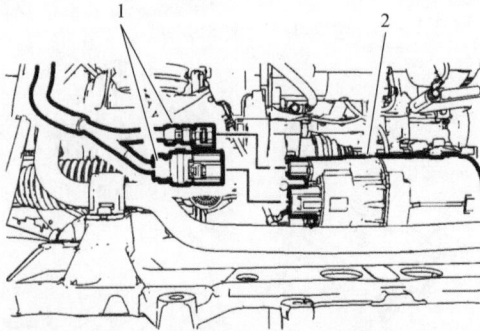

1—电气连接器；2—动力转向辅助电机。

图 2-4-12　断开电气连接器

⑩ 将两个线束固定件从转向机线束托架上拆下。

⑪ 如装备前水平位置传感器，断开电气连接器。

⑫ 拆下传动系统和前悬架支架后螺栓，如图 2-4-13 所示。

螺栓

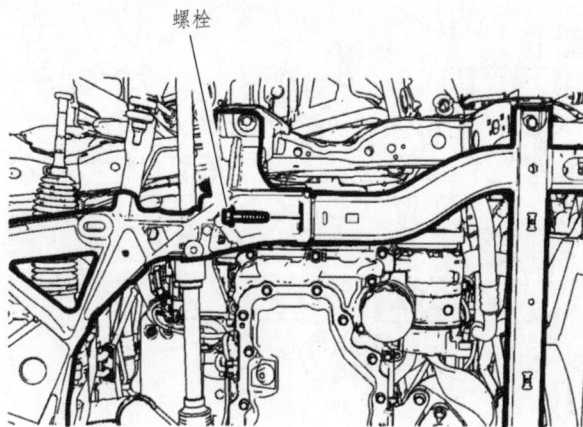

图 2-4-13　拆传动系统和前悬架支架后螺栓

⑬ 拆下变速器支座柱螺栓，如图 2-4-14 所示。

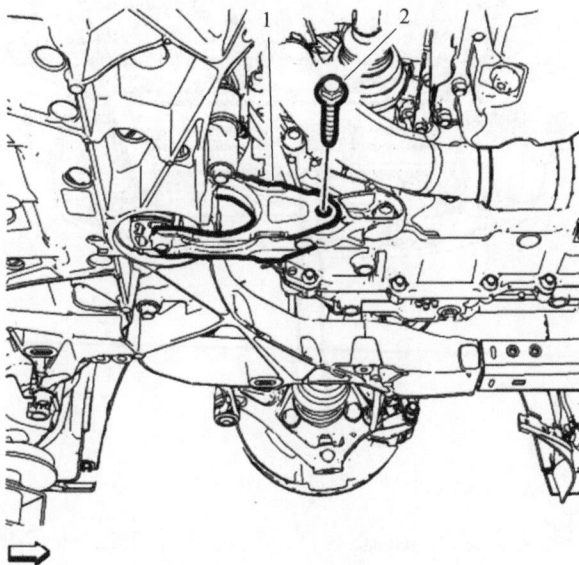

1—变速器支座；2—螺栓。

图 2-4-14　拆变速器支座柱螺栓

⑭ 拆下排气消音器隔振垫螺母，如图 2-4-15 所示。

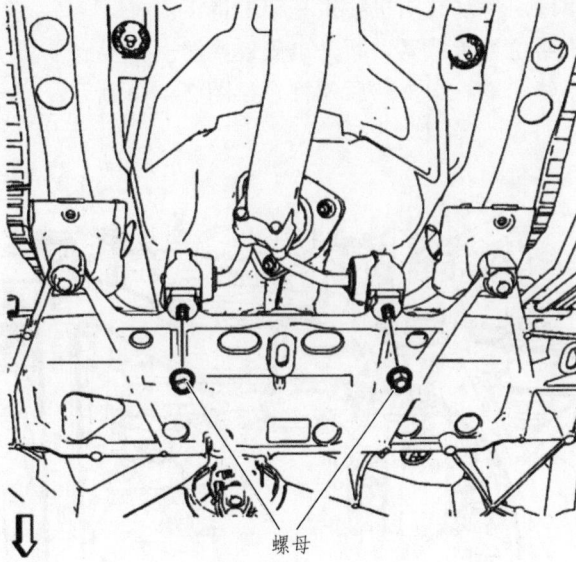

螺母

图 2-4-15   拆排气消音器隔振垫螺母

⑮ 选用合适的液压千斤顶，支撑起传动系统和前悬架支架，如图 2-4-16 所示。

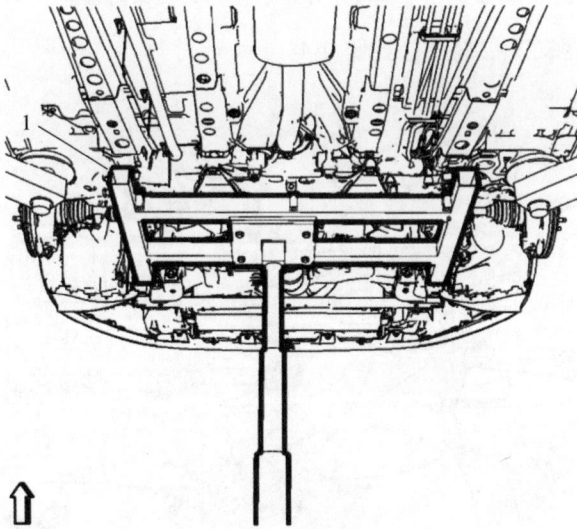

图 2-4-16   支撑传动系统和前悬架

⑯ 拆传动系统和前悬架支架后螺栓以及前螺栓，如图 2-4-17 所示。

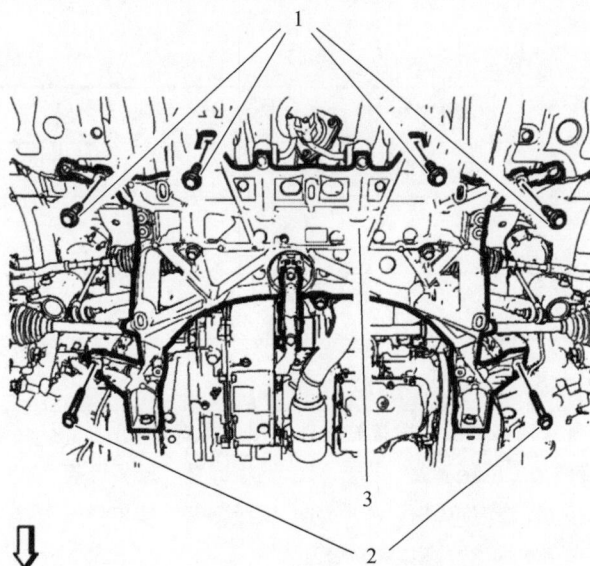

1—后螺栓；2—前螺栓；3—支架。

图 2-4-17　拆传动系统和前悬架支架前、后螺栓

⑰ 拆下螺栓，拆下稳定杆，如图 2-4-18 所示。

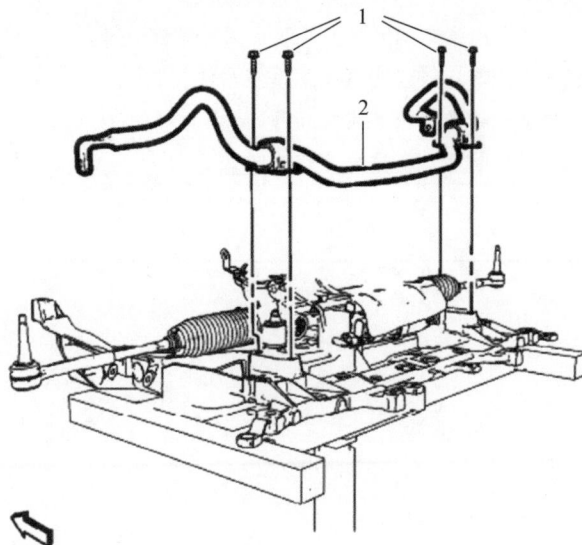

1—螺栓；2—稳定杆。

图 2-4-18　拆稳定杆

二、异常情况处理办法

【任务考核】

项目二　行驶系统的构造与维修		
任务四　悬架的维修		
姓名		组别	
班级		学号	
题型	考核题目	得分
单选	（1）科鲁兹轿车的前、后弹性元件采用的形式是（　　　）。 A. 螺旋弹簧、钢板弹簧　　　　B. 钢板弹簧、钢板弹簧 C. 螺旋弹簧、螺旋弹簧　　　　D. 钢板弹簧、螺旋弹簧 （2）汽车用减振器广泛采用的是（　　　）。 A. 单向作用筒式　　　　　　　B. 双向作用筒式 C. 摆臂式　　　　　　　　　　D. 阻力可调式	
判断	（1）所有汽车的悬架组成都包含有弹性元件。　　　　（　　） （2）一般客运汽车未专门设置导向机构。　　　　　　（　　） （3）常见的轿车后悬架的弹簧元件不是采用螺旋弹簧。（　　） （4）减振器在汽车行驶中出现发热是正常的。　　　　（　　） （5）采用独立悬架的车桥通常为断开式。　　　　　　（　　） （6）采用非独立悬架的车桥一定是整体式。　　　　　（　　）	
总分		

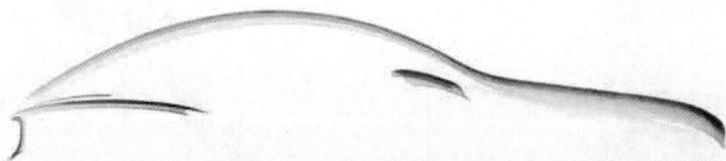

项目三

转向系统的构造与维修

汽车在行驶过程中，经常需要改变行驶方向，改变行驶方向的方法是通过转向轮（一般是前轮）相对于汽车纵轴线偏转一定角度实现的。汽车在直线行驶时，转向轮也往往受到路面侧向干扰力的作用而自动偏转，改变行驶方向。因此，驾驶员需要通过一套机构随时改变或恢复汽车行驶方向，该套专设机构即为汽车的转向系统。

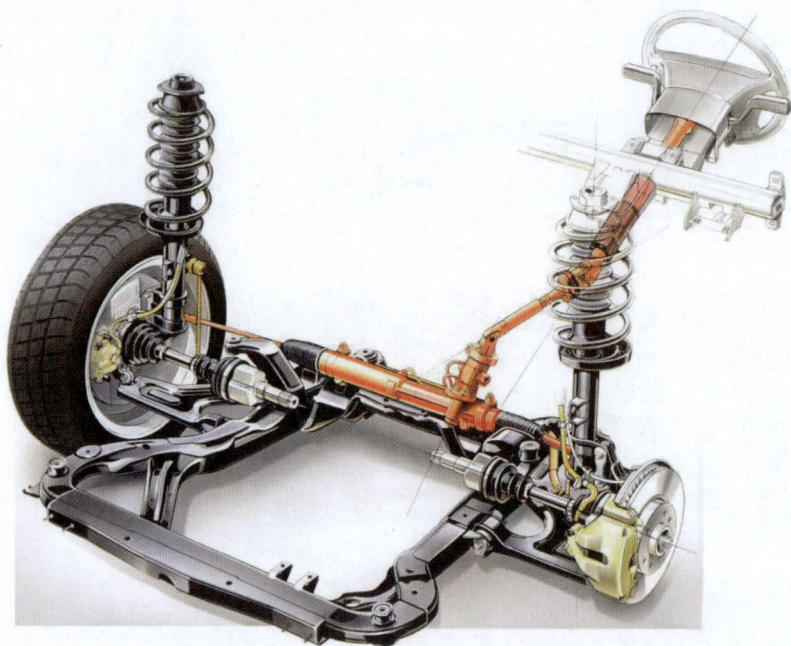

【学习目标】

1. 知识目标
（1）能够简述转向系统的作用。
（2）能够简述转向系统的类型。
（3）能简述转向系统的结构与工作原理。

2. 技能目标
（1）能正确选用和使用工具就车拆装转向系统各部件。
（2）能正确分解齿轮齿条式转向器。
（3）能正确分解液压助力转向器。
（4）能正确选用和使用安全辅助设备。
（5）能正确排放和加注转向油液并注意现场 5S。
（6）能正确排放和加注转向油液。

3. 思政目标
（1）培养良好的职业道德和工匠精神。
（2）培养安全意识和团队协作精神。
（3）培养自我管理和自主学习能力。

任务一　转向系统基本认知

【情境导入】

车主王先生驾驶一辆轿车，该车在行驶时底盘出现剐蹭，高速行驶时车辆向一侧倾斜。初步怀疑故障是底盘转向系统损坏。为了确定故障原因，底盘转向系统需做进一步检测。

接车与填写接车问诊表

接 车 问 诊 表		
车牌号：　　　　　车架号：　　　　　行驶里程：　　　　　（km）		
用户名：　　　　　电话：　　　　　来店时间：		
用户陈述及故障发生时的状况：转向时方向沉重		
故障发生状况提示：行驶速度、发动机状态、发生频率、发生时间、部位、天气、路面状况、声音描述		
接车员检测确认建议：检查转向系统		
车间检测确认结果及主要故障零部件：		
车间检查确认者：		
外观确认： （请在有缺陷部位作标识）	功能确认：（工作正常 √　不正常 ×） □音响系统　□门锁（防盗器）□全车灯光 □工具　　　□后视镜　　□天窗　　□座椅 □点烟器　　□玻璃升降器　　□玻璃	
	物品确认：（有 √　无 ×）	
		贵重物品提示 □工具　　　　□备胎 □灭火器　　　□其他 （　　　　　　　　） 旧件是否交还用户 □是　　　□否 用户是否需要洗车 □是　　　□否
·检测费说明：本次检测的故障如用户在本店维修，检测费包含在修理费用内；如用户不在本店维修，请您支付检测费。本次检测费：￥　　　　元。		
·贵重物品：在将车辆交给我店检查修理前，已提示将车内贵重物品自行收起并保存好，如有遗失恕不负责。		
接车员：　　　　　　　　　　　　用户确认：		

【信息分析】

查阅相关资料，尝试回答如下问题。

（1）转向系统由哪些零部件组成？

（2）转向系统的作用是什么？

（3）转向系统有哪些类型？

【信息收集】

一、转向系统的功用

转向系统是指由驾驶员操纵，能实现转向轮偏转和复位的一套机构。转向系统的功用是根据需要使转向轮发生偏转，适时地改变汽车的行驶方向，确保汽车稳定安全正常驾驶。

二、转向系统的分类

汽车转向系统按转向动力源的不同分为机械式转向系统和动力式转向系统两大类。

1. 机械式转向系统

机械式转向系统以驾驶员的体力作为转向动力源，系统所有传动件都是机械式的，如图 3-1-1 所示。机械式转向系统由转向操纵机构、机械转向器和转向传动机构三大部分组成。从转向盘到机械转向器之间的一系列零件称为转向操纵机构，它主要包括转向盘，转向柱、转向轴管、转向器等。

2. 动力式转向系统

动力式转向系统是在机械转向系统的基础上，增加了一套液压助力装置，动力式转向系统一般由转向动力装置和转向机械装置组成。其中，转向动力装置主要由转向控制阀、转向动力缸，转向油泵（叶片泵）油罐等构成。目前，轿车和重型载货汽车广泛应用动力式转向系统。

动力式转向系统一般常见的有三种形式，分别是机械液压助力转向系统，电子液压助力转向系统和电动助力转向系统。

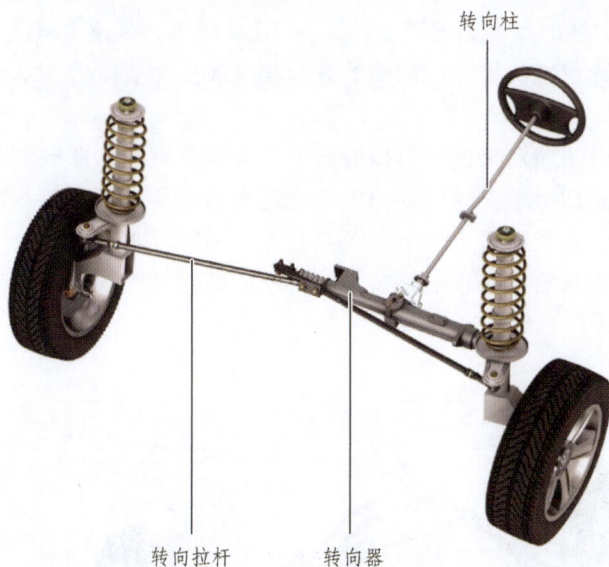

图 3-1-1　机械式转向系统

（1）机械液压助力转向系统。

机械液压助力转向系统，如图 3-1-2 所示。这种形式是我们最常见的一种，它诞生于 1902 年，也就是说已经有了百年历史。其技术成熟可靠，而且成本低廉，得以广泛普及。

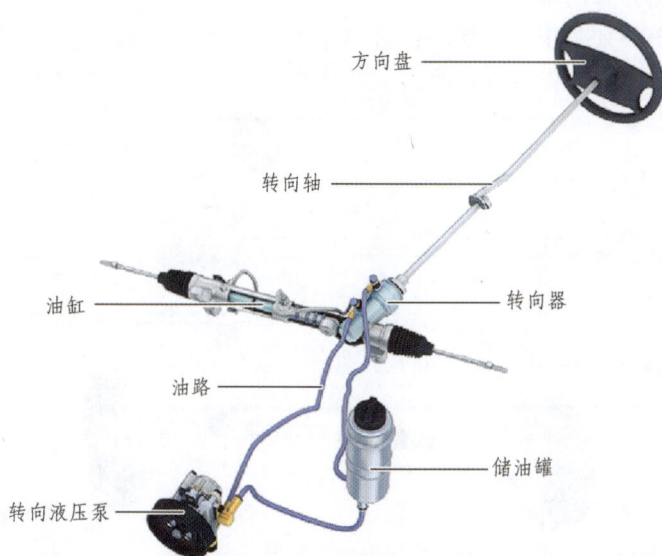

图 3-1-2　机械液压助力转向系统

机械液压助力转向系统的主要组成部分有液压泵、油管、储液罐、转向器等。这种助力方式是将一部分发动机动力输出转化成液压泵压力，对转向系统施加辅助作用力，从而使轮胎转向。

（2）电子液压助力转向系统。

电子液压助力转向系统的原理与机械液压助力转向系统基本相同，不同的是油泵由电动机驱动，同时助力力度可变，如图 3-1-3 所示。车速传感器监控车速，电控单元获取数据后通过控制转向控制阀的开启程度改变油液压力，从而实现转向助力力度的大小调节。

电子液压助力转向系统拥有机械液压助力转向系统的大部分优点，同时还降低了能耗，反应也更加灵敏，转向助力大小也能根据转角、车速等参数自行调节，更加人性化。不过引入了很多电子单元，其制造、维修成本也会相应增加，使用稳定性也不如机械液压式的牢靠，随着技术的不断成熟，这些缺点正在被逐渐克服，电子液压助力转向系统已经成为很多家用车型的选择。

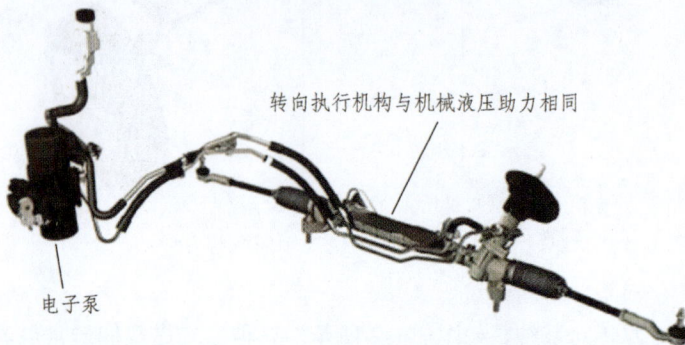

转向执行机构与机械液压助力相同

电子泵

图 3-1-3　电子液压助力转向系统

（3）电动助力转向系统。

不管机械液压还是电子液压，终究都采用油液加压的方式来实现助力，不够直接而且消耗行驶动力，由此应运而生了电动助力转向系统，如图 3-1-4 所示。

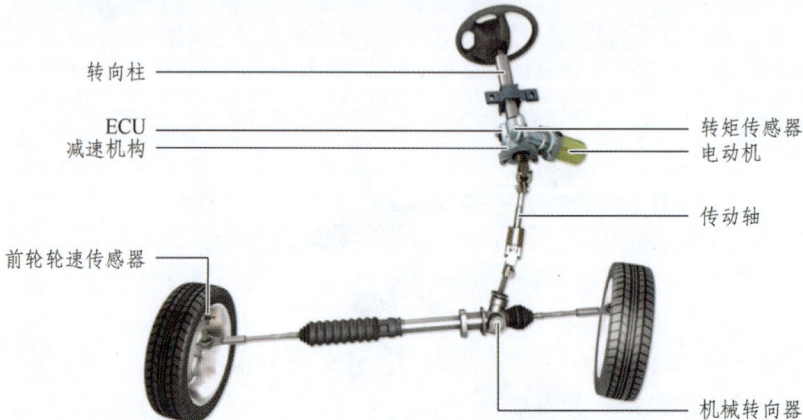

转向柱
ECU
减速机构
前轮轮速传感器
转矩传感器
电动机
传动轴
机械转向器

图 3-1-4　电动助力转向系统

电动助力转向系统不再有油液、管路，取而代之的是直接干脆的电子线路和设备，主要组件有电控单元、车速传感器、转矩传感器、电动机等。原理也不复杂：传感器把采集到的车速、转角信息输送给电控单元，电控单元决定电动机的旋转方向和助力电流大小，把指令传递给电动机，电动机将辅助动力施加到转向系统中，这样实时调整的转向助力便得以实现。

从结构，原理上看，电动助力转向系统的优点是显而易见的：系统结构精简，质量小，占用空间少；只消耗电力，能耗低；电子系统反应灵敏，动作直接、迅速。

三、转向系统的工作原理

汽车转向时，驾驶员转动转向盘的力矩，通过转向操纵机构输入转向器；同时，由转向动力装置将发动机的机械能转换为液压能，之后进入转向器，经过转向器的减速增矩对力矩进行放大并改变方向后，传给转向传动机构，最后作用于转向轮，使之发生偏转，从而实现汽车转向。

四、转向系统的结构组成

按结构形式分类。转向器按结构形式可以分为齿轮齿条式、循环球式、蜗杆曲柄指销式等。普通轿车多采用齿轮齿条式转向器。

（1）齿轮齿条式转向器。

齿轮齿条式转向器可以使转向传动机构简化，不需要转向摇臂和转向直拉杆。这种转向器质量轻，容易制造，而且成本低，刚度大，具有较好的操纵稳定性，且具有齿轮与齿条间实现无间隙啮合的特点，逆传动效率高。齿轮齿条啮合传动结构如图 3-1-5 所示。这种转向器广泛用于前轮采用独立悬架的轻型及微型轿车。

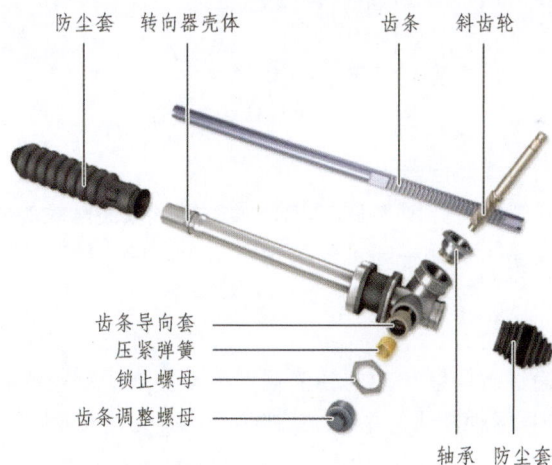

图 3-1-5　齿轮齿条式转向器

（2）循环球式转向器。

循环球式转向器是目前国内应用得最广泛的结构形式之一，一般有两级传动副。第一级是螺杆螺母传动副，第二级是齿条齿扇传动副。为了减少转向螺杆和转向螺母之间的摩擦，两者的螺纹并不直接接触，其间装有多个钢球，以实现滚动摩擦。转向螺母和螺杆上都加工出断面轮廓为由两段或三段不同心圆弧组成的近似半圆的螺旋槽。两者的螺旋槽能配合形成近似圆形断面的螺旋管状通道。转向螺母侧面有两对通孔。钢球可从此孔进入螺旋通道内。转向螺母有两根钢球导管。每根导管的两端分别插入转向螺母侧面的一对通孔中。导管内装满了钢球。于是，两根导管和转向螺母内的螺旋管状通道组合成两条各自独立的封闭的钢球"流道"。转向螺杆转动时，通过钢球将力传给转向螺母，转向螺母即沿轴向移动。同时，在转向螺杆及转向螺母与钢球间的摩擦力作用下，所有钢球在螺旋管状通道内滚动，形成"球流"，如图 3-1-6 所示。在转向器工作时，两列钢球只在各自的封闭流道内循环，不会脱出。此转向器常用于各种轻型和中型货车，也用于部分轻型越野汽车。

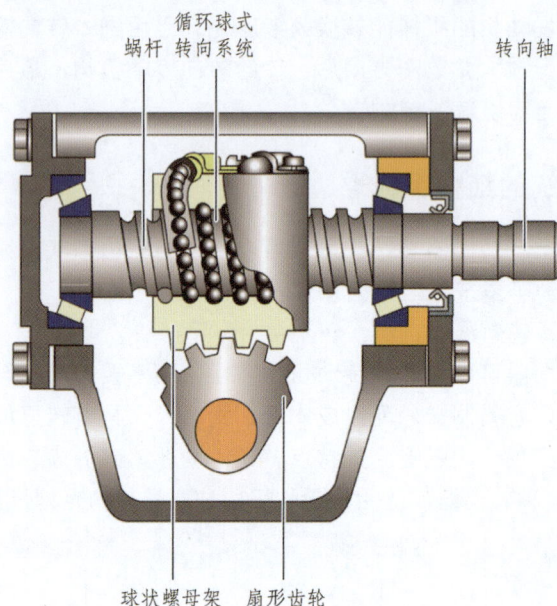

图 3-1-6　循环球式转向器

（3）蜗杆曲柄指销式转向器。

蜗杆曲柄指销式转向器如图 3-1-7 所示。具有梯形截面螺纹的转向蜗杆支承在转向器壳体两端的球轴承上。蜗杆与锥形指销相啮合。指销用双列圆锥滚子轴承支于摇臂轴内端的曲柄孔中。当转向蜗杆随转向盘转动时，指销沿蜗杆螺旋槽上下移动，并带动曲柄及摇臂轴转动。

汽车转向时，通过转向盘和转向轴使蜗杆转动，嵌于蜗杆螺旋槽的锥形指销一边自转，一边绕转向摇臂轴摆动，并通过转向传动机构使转向轮偏转，从而实现转向。

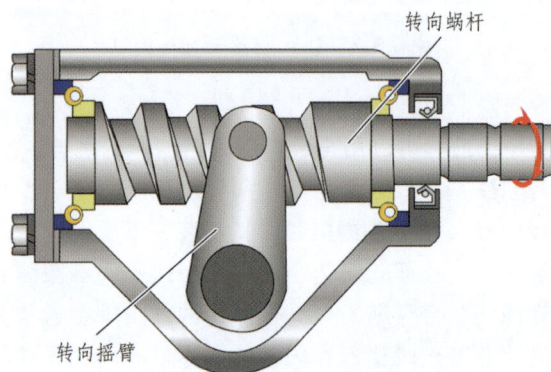

图 3-1-7　蜗杆曲柄指销式转向器

活页工单 3-1 转向系统的结构认识

【接受工作任务】

根据给定的轿车，对转向系统进行结构认知。

【制定任务实施方案】

分组查阅维修手册，认识转向系统的结构及工作原理，为维护与保养准备。

一、任务分工

（1）设备器材，如图 3-1-8 所示。

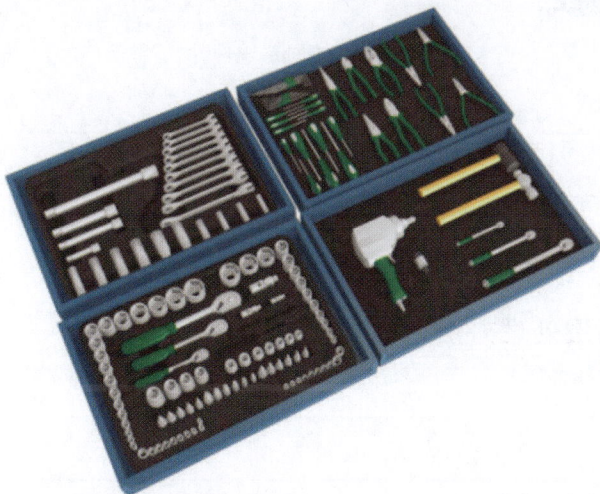

图 3-1-8 设备器材

（2）场地设施：消防设施场地。

（3）设备设施：轿车一辆、举升机、工具车、零件车、垃圾桶。

（4）耗材：染色剂、清洗剂、抹布。

二、任务实施步骤

（1）查找维修手册，判断轿车转向系统的类型。

_____

_____

（2）将转向系统各部件（见图 3-1-9）相应的名称填写在横线处。

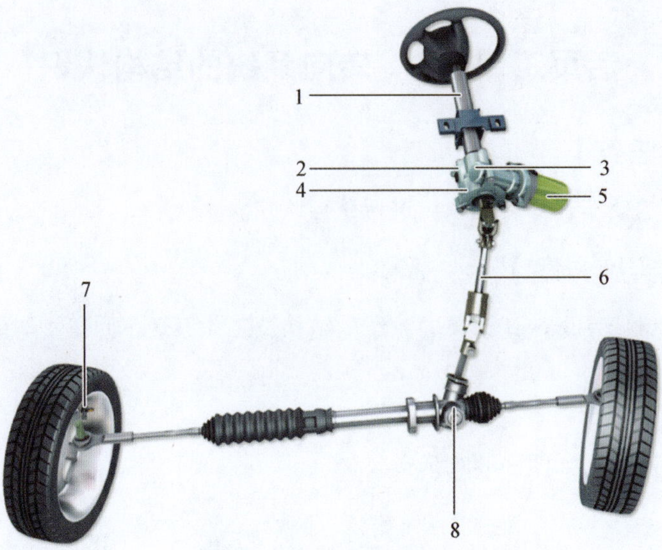

图 3-1-9　转向系统部件

1. _____　　2. _____　　3._____

4._____　　5. _____　　6._____

7._____　　8. _____

三、异常情况处理办法

_____

_____

_____

_____

_____

_____

【任务考核】

项目三　转向系统的构造与维修			
任务一　转向系统基本认知			
姓名		组别	
班级		学号	
题型	考核题目		得分
单选	（1）转向系统角传动比越大，转向时驾驶员越（　　　）。 A. 省力　　　　B. 费力　　　　C. 无影响 （2）转向盘自由间隙大，路面传递的力（　　　）。 A. 越明显　　　B. 越不明显　　C. 变化不大 （3）循环球式转向器是（　　）转向器。 A. 单传动比　　B. 双传动比　　C. 三传动比 （4）横拉杆两端螺纹旋向（　　　）。 A. 都是左旋　　B. 都是右旋　　C. 一个左旋，一个右旋 （5）转向盘出现"打手"现象，主要是（　　　）。 A. 方向盘自由行程小 B. 方向盘自由行程大　　　　C. 车速太高		
判断	（1）转向系统的作用是保证汽车转向。　　　　　　（　　） （2）汽车在转弯时，内转向轮和外转向轮滚过的距离是不相等的。 　　　　　　　　　　　　　　　　　　　　　　（　　） （3）两转向轮偏转时，外轮转角比内轮转角大。　　（　　） （4）转向半径 R 愈小，则汽车在转向时，所需要的场地面积就愈小。 　　　　　　　　　　　　　　　　　　　　　　（　　） （5）为了提高行车的安全性，转向轴可以有少许轴向移动。（　　） （6）可逆式转向器有利于转向轮和转向盘自动回正，但汽车在坏路面上行驶时易发生转向盘打手现象。　　　　（　　） （7）摇臂轴的端部刻有标记，装配时应与转向垂臂的刻度标记对正。 　　　　　　　　　　　　　　　　　　　　　　（　　） （8）转向纵拉杆两端的弹簧在球头销的同一侧。　（　　） （9）当转向轮为独立悬架时，转向桥、横拉杆必须是整体式。（　　） （10）动力缸和转向器分开布置的称为分置式。　　（　　）		
总分			

任务二　机械式转向系统维修

【情境导入】

车主王先生驾驶一辆轿车，该车在行驶时底盘出现剐蹭，高速行驶时车辆向一侧倾斜。初步怀疑故障是机械转向系统损坏。为了确定故障原因，底盘转向系统需做进一步检测。

接车与填写接车问诊表

接 车 问 诊 表		
车牌号：　　　　车架号：　　　　　　行驶里程：　　　　　　（km）		
用户名：　　　　　电话：　　　　　　　来店时间：		
用户陈述及故障发生时的状况：转向时方向沉重，初步怀疑机械转向系统损坏		
故障发生状况提示：行驶速度、发动机状态、发生频率、发生时间、部位、天气、路面状况、声音描述		
接车员检测确认建议：检查转向系统		
车间检测确认结果及主要故障零部件：		
车间检查确认者：		
外观确认： （请在有缺陷部位作标识）	功能确认：（工作正常 √　不正常 ×） □音响系统　□门锁（防盗器）□全车灯光 □工具　　　□后视镜　□天窗　□座椅 □点烟器　　□玻璃升降器　　□玻璃 物品确认：（有 √　　无 ×） 贵重物品提示 □工具　　　　　□备胎 □灭火器　　　　□其他 （　　　　　　　　　） 旧件是否交还用户 □是　　□否 用户是否需要洗车 □是　　□否	
・检测费说明：本次检测的故障如用户在本店维修，检测费包含在修理费用内；如用户不在本店维修，请您支付检测费。本次检测费：¥　　　　　元。 ・贵重物品：在将车辆交给我店检查修理前，已提示将车内贵重物品自行收起并保存好，如有遗失恕不负责。		
接车员：　　　　　　　　　　　　用户确认：		

【信息分析】

查阅相关资料，尝试回答如下问题。

（1）机械转向系统由哪些零部件组成？

（2）机械转向系统的作用是什么？

（3）机械转向系统是如何工作的？

【信息收集】

机械转向系统由转向器总成和转向传动机构组成，如图 3-2-1 所示。转向器总成由方向盘、转向轴、转向万向节、转向器等组成。转向传动机构由转向横拉杆、转向节臂、左右转向节等组成。

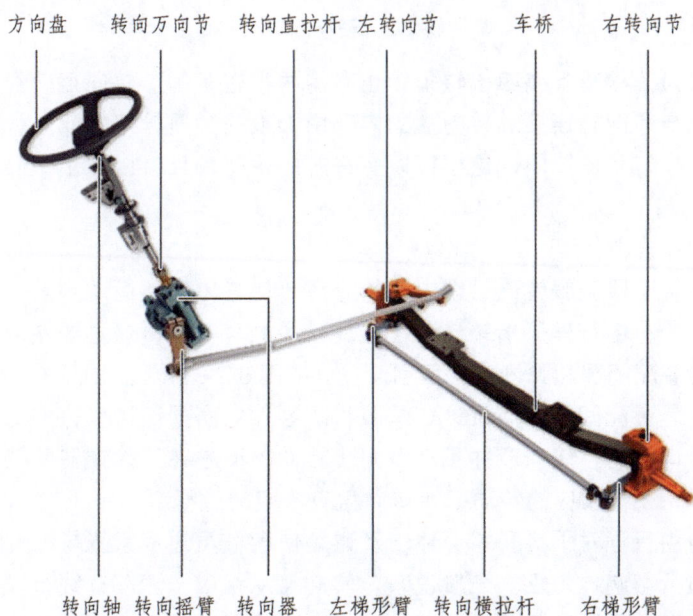

方向盘　转向万向节　转向直拉杆　左转向节　　车桥　　右转向节

转向轴　转向摇臂　转向器　　左梯形臂　转向横拉杆　　右梯形臂

图 3-2-1　机械转向系统组成

汽车转向行驶时，驾驶员根据汽车所需改变的行驶方向转动转向盘，通过转向轴转动转向器的主动件（小齿轮等）转动并带动从动件（齿条等）移动，使与其固定的摇臂轴转一个角度，带动摇臂摆动一个相应的角度，通过纵拉杆和转向节臂带动近转向器侧转向节偏转，经梯形臂和横拉杆带动另一侧转向节同方向偏转。因转向轮用轴承安装在转向节上，故转向节偏转时带动转向轮偏转，实现汽车转向。

1. 转向盘的结构

（1）转向盘的结构。

转向盘即方向盘，是汽车的操纵行驶方向的轮状装置。转向盘一般通过花键与转向轴相连。转向盘在驾驶员与车轮之间引入的齿轮系统操作灵活，很好地隔绝了来自道路的剧烈振动。不仅如此，好的转向系统还能为驾驶者带来一种"路感"。转向盘的结构包括轮缘、轮辐和转向盘轮毂等，如图 3-2-2 所示。

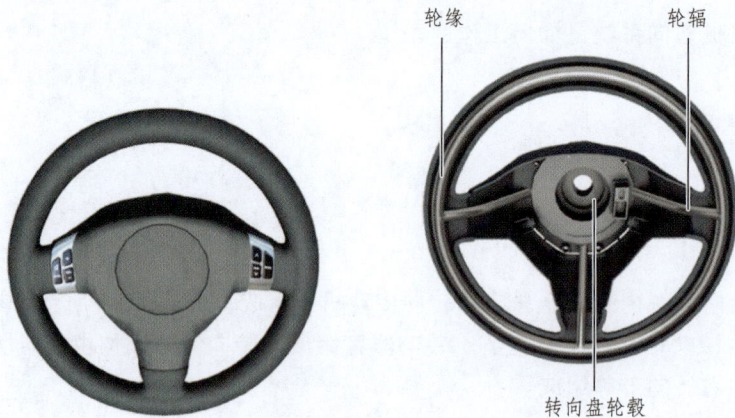

图 3-2-2　转向盘结构

轮辐一般为三根辐条或四根辐条，也有用两根辐条的。转向盘轮毂孔具有细牙内花键，借此与转向轴连接。转向盘的内部由形成的金属骨架构成。骨架外面包有橡胶或树脂，也有包皮革的，这样可以有良好的手感，且可以防止手心出汗时握转方向盘打滑。

（2）转向盘自由行程。

转向盘空转阶段克服转向系统内部的摩擦，使各传动件运动到其间的间隙完全消除。转向盘的自由行程是指转向盘在空转阶段的角行程，这主要是由转向系统各传动件之间的装配间隙和弹性变形所引起的，如图 3-2-3 所示。由于转向系统各传动件之间都存在着装配间隙，而且这些间隙将随零件的磨损而增大，因此，在一定的范围内转动转向盘时，转向节并不马上同步转动，而是在消除这些间隙并克服机件的弹性变形后，才作相应的转动，即转向盘有一空转过程。

转向盘自由行程对于缓和路面冲击及避免使驾驶员过度紧张是有利的，但不宜过大，以免过分影响灵敏性。一般说来，转向盘从相应于汽车直线行驶的中间位置向任一方向的自由行程最好不超过 10°~15°。当零件磨损严重到使转向盘自由行程超过 25°~30°时，必须进行调整。

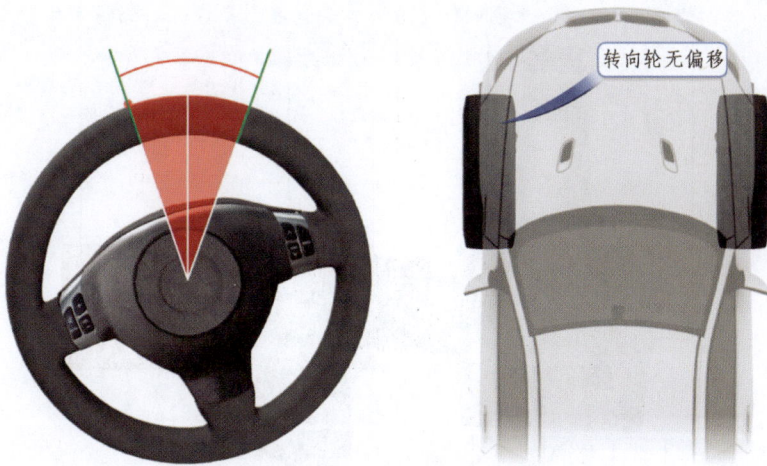

图 3-2-3 转向盘自由行程

2. 转向轴

转向轴的功用是将驾驶员作用于转向盘的转向力矩传递给转向器，它的上部与转向盘固定连接，下部与转向器相连。转向轴从转向柱管中穿过，支承在柱管内的轴承和衬套上。有些转向轴不但具有一定的刚度，还具有吸能功能，起着防伤作用，如图 3-2-4 所示。

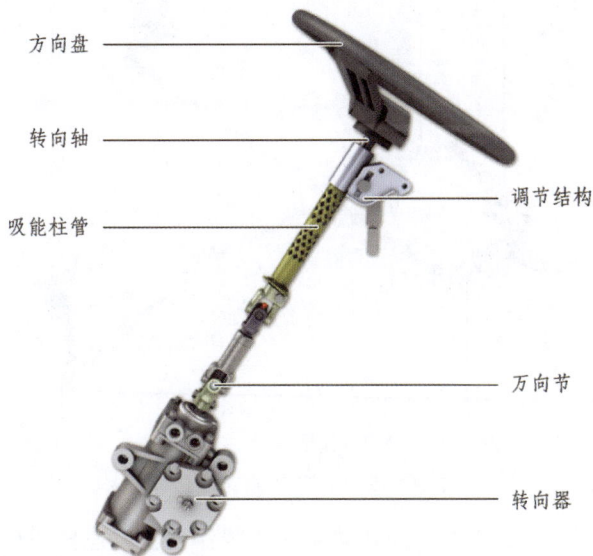

图 3-2-4 吸能式转向轴

3. 转向传动机构

转向传动机构是连接转向器与转向节之间的连动机件，包括转向摇臂、纵拉杆、转向节臂、横拉杆和梯形臂等，如图 3-2-5 所示。

142

下球头座　　上球头座　左接头　　卡箍　　　横拉杆体

限位套　球头销　开口销

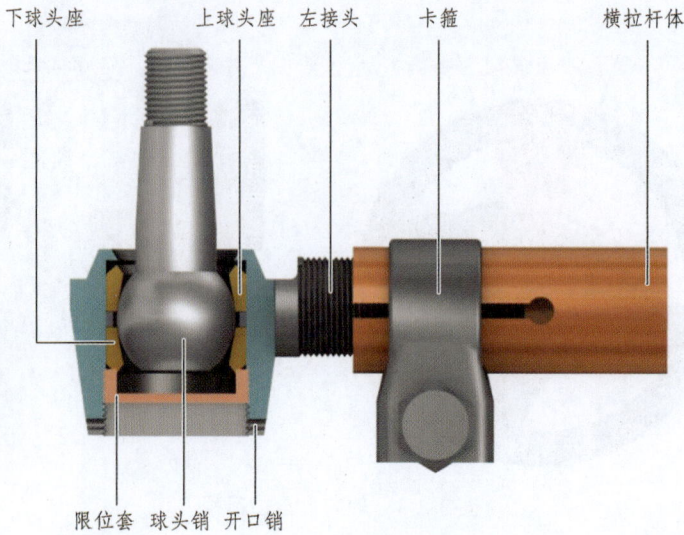

图 3-2-5　转向横拉杆

（1）非独立悬架的转向传动机构。

非独立悬架的转向传动机构结构如图 3-2-6 所示。

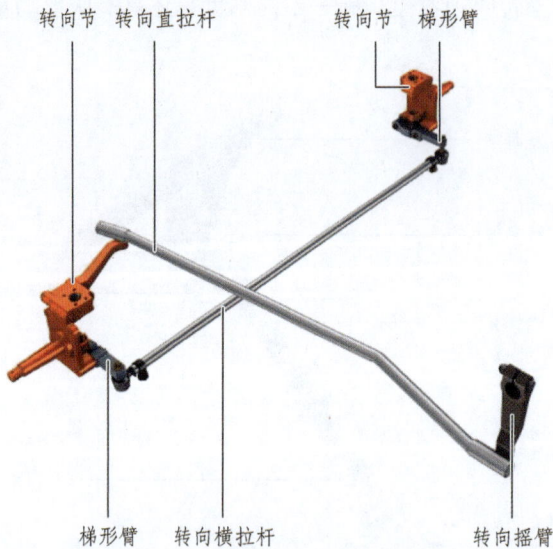

转向节　转向直拉杆　　转向节　梯形臂

梯形臂　　转向横拉杆　　　　转向摇臂

图 3-2-6　非独立悬架的转向传动机构

　　转向摇臂是连接转向器与转向联动机件的零件，上端连接摇臂轴，下端连接纵拉杆。其大端一般具有三角形细花纹键槽孔，与转向摇臂轴端的花键轴配合连接，而小端具有锥形孔与球头销颈部相连，用螺母固定。球头销的球头与纵拉杆作铰链连接。

　　转向纵拉杆是连接转向摇臂和转向节臂的组合件，由两端扩孔的钢管制成。两端孔腔内分别装入球头销，球销的球部两侧装有两块带内圆弧的球头销座，与球头靠紧，球销内侧装有弹簧和弹簧座，球销外侧的杆端装有螺塞，转动螺塞可调整弹簧的预张力。在拉杆两端还分别装有黄油嘴进行润滑。弹簧的作用是在纵拉杆工作过程中，起缓冲作用，以及在球头与球头销座磨损后，自动调节相互间的配合间隙。

转向横拉杆是连接左、右梯形臂的组合件，由实心的钢杆和两端接头组合而成，在转向过程中联动左、右转向节外，还可用来调整前轮前束。

拉杆体左、右两端制有反向螺纹，两端接头也是反向螺纹，转动拉杆可调整横拉杆长度。接头由球头销、上、下球座、弹簧、弹簧座和螺塞组成。弹簧的作用是自动调节球头与座的间隙和起缓冲作用。螺塞用于调整弹簧的预紧力。

（2）独立悬架的转向传动机构。

独立悬架的转向桥是断开式的，转向梯形机构和横拉杆也分为两段或三段，如图 3-2-7 所示。

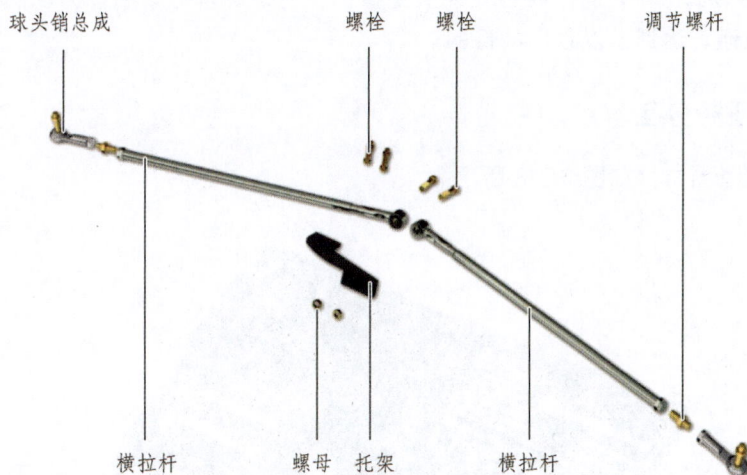

图 3-2-7　独立悬架的转向传动机构

独立悬架机械转向系统由转向盘，转向轴，左、右横拉杆，转向器，转向减振器和左、右转向节臂等组成。转向器齿条一端同左右横拉杆连接。转动转向盘，转向器齿轮使齿条左右移动，横拉杆使转向节臂使车轮偏转。独立悬架的转向桥是断开式的，转向梯形机构和横拉杆也分为两段或三段。

活页工单 3-2　机械式转向传动机构外转向横拉杆的更换

【接受工作任务】

根据给定轿车,对转向传动机构外转向横拉杆进行更换。

【制定任务实施方案】

通过前面的学习,我们已经了解了转向传动机构,具备了一定的理论基础,现进行转向传动机构外转向横拉杆更换实践操作,在锻炼自己动手能力的同时将所学知识融会贯通,达到学以致用的目的。

一、任务分工

(1)设备器材,如图 3-2-8 所示。

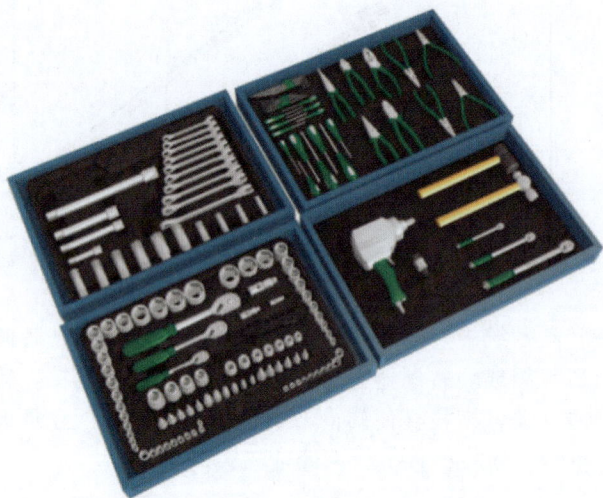

图 3-2-8　设备器材

(2)场地设施:消防设施场地。
(3)设备设施:轿车一辆、举升机、工具车、零件车、垃圾桶。
(4)专用设备。
(5)耗材:染色剂、清洗剂、抹布。

二、任务实施步骤

机械式转向传动机构外转向横拉杆的更换程序如下。

1. 拆卸程序

(1)举升并妥善支撑车辆。

（2）拆下车轮中心盖。

（3）标记车轮相对于轮毂的位置。

（4）拆下车轮螺母1，如图3-2-9所示。

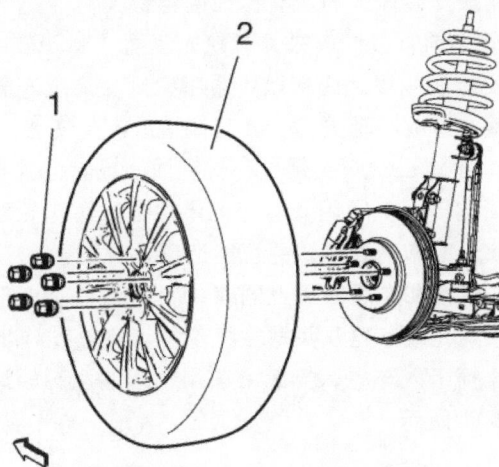

图3-2-9　拆缺车轮

注意：① 如果渗透性机油沾到车轮和制动盘或制动鼓之间的垂直表面上，则车辆行驶时会导致车轮松动，造成车辆失控和伤人事故。

② 由于车轮和轮毂/轴之间所用材料不同或者安装太紧，车轮可能难以拆下。我们可以通过用橡胶锤轻轻地敲打轮胎侧面来拆下车辆。不遵循此说明可能会导致车轮损坏。

（5）将轮胎和车轮总成2从车辆上拆下。

（6）如图3-2-10所示，将外转向横拉杆从转向节上断开。

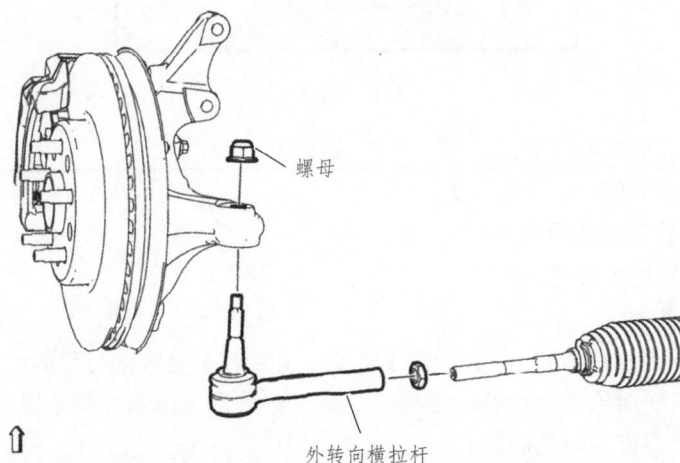

图3-2-10　拆下外转向横拉杆

（7）检查转向传动机构内转向横拉杆是否弯曲或螺纹受损。

（8）清洁转向节锥形面。

2. 安装程序

（1）安装转向传动机构内转向横拉杆

（2）清除车轮和轮毂安装面上的所有锈蚀或异物。

注意：① 安装车轮之前，我们应去除车轮支座面、制动鼓或制动盘支座面上的锈蚀。安装车轮时若安装面金属之间接触不紧密，则会造成车轮螺母松动。这将导致车辆行驶时车轮脱落，造成车辆失控，并可能造成人身伤害。

② 千万不要润滑车轮螺母、双头螺栓和支座面，或者向其抹油。车轮螺母、双头螺栓和安装面必须清洁干燥。紧固润滑过的零件会损害车轮双头螺栓。这将导致车辆行驶时车轮脱落，造成车辆失控，并可能造成人身伤害。

（3）清洁车轮双头螺栓和车轮螺母上的螺纹。

注意：通过使用中间孔或车轮双头螺栓将轮盘与前轮毂对准。

（4）为阻止中间座椅卡入车轮，安装之前用轴承油脂轻轻涂抹在轮轴的内侧中间圆环 1 上，如图 3-2-11 所示。

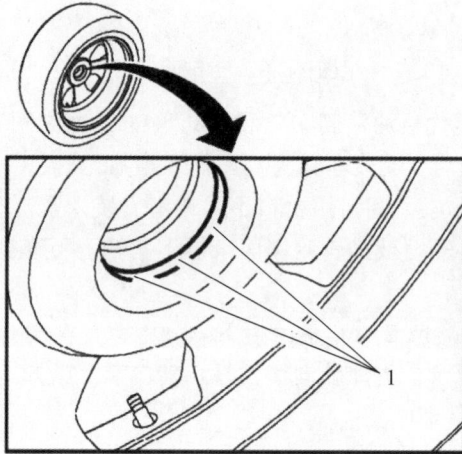

图 3-2-11　涂抹油脂

（5）安装轮胎和车轮总成。将车轮定位标记对准轮毂。

（6）安装车轮螺母，如图 3-2-12 所示。

（7）将车轮螺母紧固至 140 N·m。

（8）安装车轮中心盖。

（9）降下车辆。

注意：一旦更换了轮胎和车轮总成总成，须读入轮胎气压指示器传感器值。

（10）读入轮胎气压指示器传感器值。参见轮胎气压指示灯传感器的读入。

（11）车轮定位的测量调整。

（12）方向盘转角传感器对中调整。

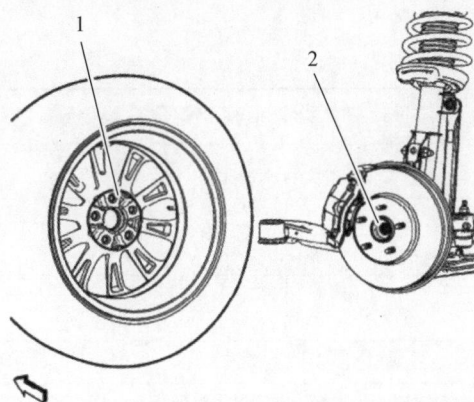

图 3-2-12　安装车轮螺母

三、异常情况处理办法

_____

_____

_____

_____

_____

_____

【任务考核】

项目三　转向系统的构造与维修		
任务二　机械式转向系统维修		

姓名		组别	
班级		学号	

题型	考核题目	得分
单选	（1）转向系统角传动比越大，转向时驾驶员越（　　）。 A. 省力　　　B. 费力　　　C. 无影响 （2）转向盘自由间隙大，路面传递的力（　　）。 A. 越明显　　B. 越不明显　　C. 变化不大 （3）循环球式转向器是（　　）转向器。 A. 单传动比　B. 双传动比　C. 三传动比 （4）横拉杆两端螺纹旋向（　　）。 A. 都是左旋　B. 都是右旋　C. 一个左旋，一个右旋 （5）转向盘出现"打手"现象，主要是（　　）。 A. 方向盘自由行程小 B. 方向盘自由行程大 C. 车速太高	
判断	（1）转向系统的作用是保证汽车转向。　　　　　　（　　） （2）汽车在转弯时，内转向轮和外转向轮滚过的距离是不相等的。 　　　　　　　　　　　　　　　　　　　　　　（　　） （3）两转向轮偏转时，外轮转角比内轮转角大。　（　　） （4）转向半径越小，则汽车在转向时，所需要的场地面积就越小。 　　　　　　　　　　　　　　　　　　　　　　（　　） （5）为了提高行车的安全性，转向轴可以有少许轴向移动。（　　） （6）可逆式转向器有利于转向轮和转向盘自动回正，但汽车在坏路面上行驶时易发生转向盘打手现象。　　　　　（　　） （7）摇臂轴的端部刻有标记，装配时应与转向垂臂的刻度标记对正。 　　　　　　　　　　　　　　　　　　　　　　（　　） （8）转向纵拉杆两端的弹簧在球头销的同一侧。（　　） （9）当转向轮为独立悬架时，转向桥、横拉杆必须是整体式。（　　） （10）动力缸和转向器分开布置的称为分置式。（　　）	
总分		

任务三　液压式动力转向系统维修

【情境导入】

车主王先生驾驶一辆轿车，该车在行驶时方向沉重，初步怀疑是液压助力转向系统故障。为了确定故障原因，底盘转向系统需做进一步检测。

接车与填写接车问诊表

接 车 问 诊 表		
车牌号：	车架号：	行驶里程：　　　（km）
用户名：	电话：	来店时间：
用户陈述及故障发生时的状况：转向时方向沉重，初步怀疑液压动力转向系统损坏		
故障发生状况提示：行驶速度、发动机状态、发生频率、发生时间、部位、天气、路面状况、声音描述		
接车员检测确认建议：检查转向系统		
车间检测确认结果及主要故障零部件：		
车间检查确认者：		

外观确认：

（请在有缺陷部位作标识）

功能确认：（工作正常√　不正常×）
□音响系统　□门锁（防盗器）□全车灯光
□工具　　　□后视镜　　□天窗　□座椅
□点烟器　　□玻璃升降器　□玻璃

物品确认：（有√　　无×）

贵重物品提示
□工具　　　□备胎
□灭火器　　□其他
（　　　　　　　　）
旧件是否交还用户
□是　　□否
用户是否需要洗车
□是　　□否

•检测费说明：本次检测的故障如用户在本店维修，检测费包含在修理费用内；如用户不在本店维修，请您支付检测费。本次检测费：¥　　　　元。

•贵重物品：在将车辆交给我店检查修理前，已提示将车内贵重物品自行收起并保存好，如有遗失恕不负责。

接车员：　　　　　　　　　　　用户确认：

【信息分析】

查阅相关资料，尝试回答如下问题。

（1）液压式动力转向系统由哪些零部件组成？

（2）液压式动力转向系统的作用是什么？

（3）液压式动力转向系统是如何工作的？

【信息收集】

一、液压式动力转向系统的组成

液压式助力转向系统主要由机械部分和液压助力装置两部分组成。机械部分由动力转向器、转向传动副、转向摇臂、转向纵拉杆、转向横拉杆和转向节臂等组成。液压助力装置部分由液压泵、液压缸、液压控制阀、储油箱和管路等组成，如图3-3-1所示。

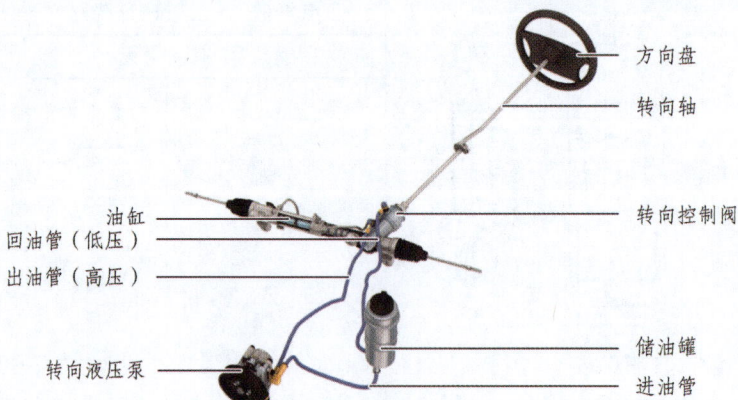

图 3-3-1　机械式液压式动力转向系统

二、液压式助力转向系统工作原理

齿轮齿条式转向器中作为传动副主动件的转向齿轮支装在壳体中，与水平置的转向齿条啮合。弹簧通过压块将齿条压靠在转间齿轮上，以保证无间隙啮合。弹簧的预紧力可通过调整螺钉调整。工作时，转向齿条的中部与转向拉杆托架连接，转向左、右横拉杆与转向节臂相连。当转动转向盘时，转向齿轮转动，与之啮合的转向齿条沿轴向移动，从而左右横拉杆带动左右转向节转动，使转向轮偏转，实现车辆转向，如图 3-3-2 所示。

转向油泵安装在发动机上，由曲轴通过皮带驱动并向外输出液压油。储油罐有进、出油管接头，通过油管分别与转向油泵和转向控制阀连接。转向控制阀用于改变油路。机械转向器和缸体形成左右两个工作腔，它们分别通过油道与转向控制阀连接。

汽车直线行驶时，转向控制阀将转向油泵泵出来的工作液与油罐相通，转向油泵处于卸荷状态，动力转向器不起助力作用。当汽车需要向右转向，驾驶员向右转动转向盘，转向控制阀将转向油泵泵出来的工作液与右腔接通，将左腔与油罐接通，在油压的作用下，活塞向下移动，通过传动结构使左右轮向右偏转，从而实现右转向。

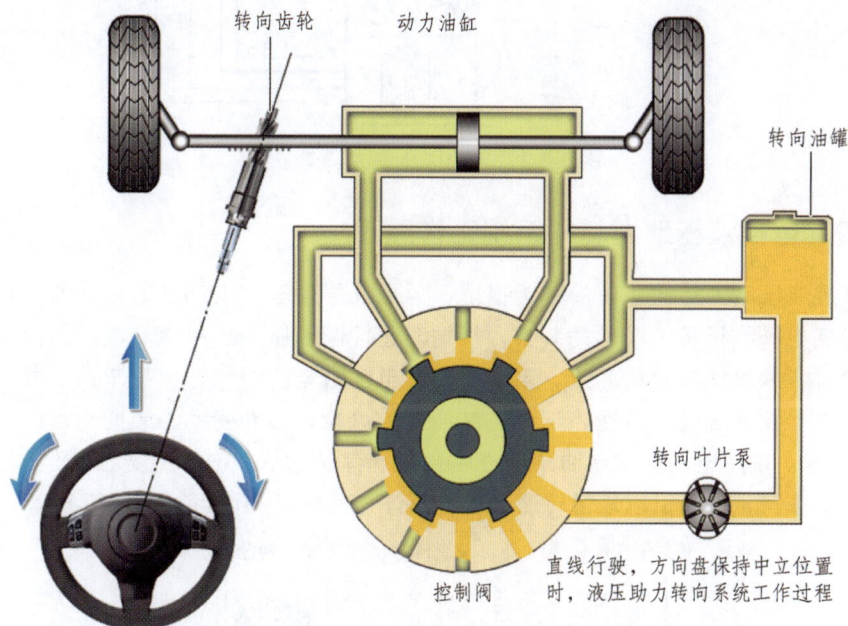

图 3-3-2 机械式液压式动力转向系统工作原理

三、电控液压助力转向系统组成

电控液压动力转向（Electrical Hydraulic Power Steering）简称 EHPS。在液压动力转向系统（见动力转向系统）中增加的电子控制和执行元件，将车速引入到系统中，实现助力大小随车速变化。电控液压动力转向系统主要通过车速传感器将车速传递给电子元件（ECU），控制电液转换装置改变动力转向的助力特性，助力将会随着车速的增加而减小，从而增加了高速行驶时的路感，较好地兼顾了低速转向的轻便性和高速转向时的路感，如图 3-3-3 所示。

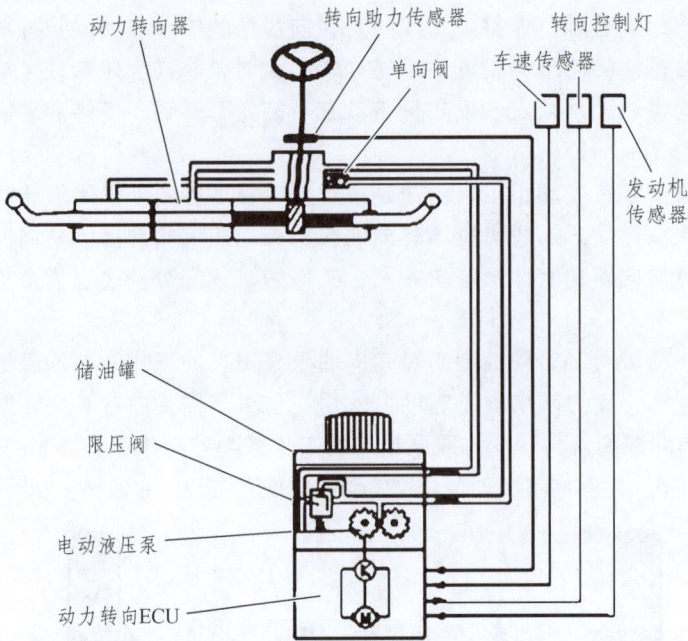

图 3-3-3　电控液压助力转向系统

四、电控液压助力转向系统工作原理

电控液压动力转向系统的种类很多，但是其原理基本上都是通过在油泵或转向器上加装电子执行机构或辅助装置，根据车速控制液压系统的流量或压力。系统采用电动机代替发动机驱动油泵，电动机由蓄电池供电。控制器根据车速信号、转向盘转速信号控制电动机转速，从而控制油泵的流量，达到变助力转向的目的，如图 3-3-4 所示。采用电动机驱动油泵后使油泵布置容易，不必布置在发动机附近。在没有转向操作时，电动机以较低转速运转甚至停止运转，因而可以降低能量消耗。

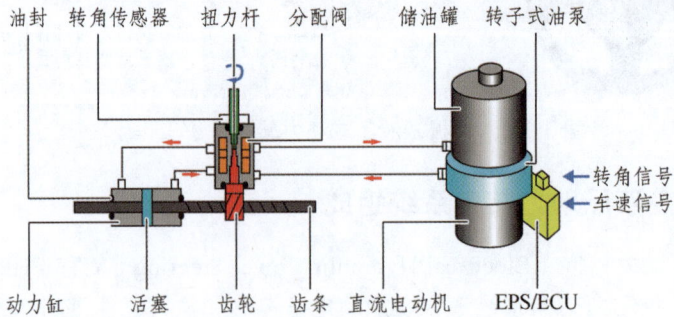

图 3-3-4　电控液压助力转向系统工作原理

活页工单 3-3　液压式转向传动机构外转向横拉杆的更换

【接受工作任务】

根据给定轿车，对转向传动机构外转向横拉杆进行更换。

【制定任务实施方案】

通过前面的学习，我们已经了解了转向传动机构，具备了一定的理论基础，现进行转向传动机构外转向横拉杆更换实践操作，在锻炼自己动手能力的同时将所学知识融会贯通，达到学以致用的目的。

一、任务分工

（1）设备器材，如图 3-3-5 所示。

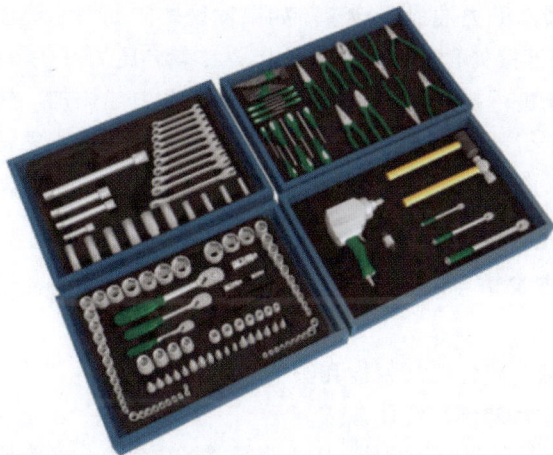

图 3-3-5　设备器材

（2）场地设施：消防设施场地。

（3）设备设施：轿车一辆、举升机、工具车、零件车、垃圾桶。

（4）专用设备。

（5）耗材：染色剂、清洗剂、抹布。

二、任务实施步骤

液压式转向传动机构外转向横拉杆的更换程序如下。

1. 助力转向油液的检查

（1）打开发动机引擎盖。

（2）在实车上找到转向助力油的位置。

（3）检查储油罐，如图 3-3-6 所示。

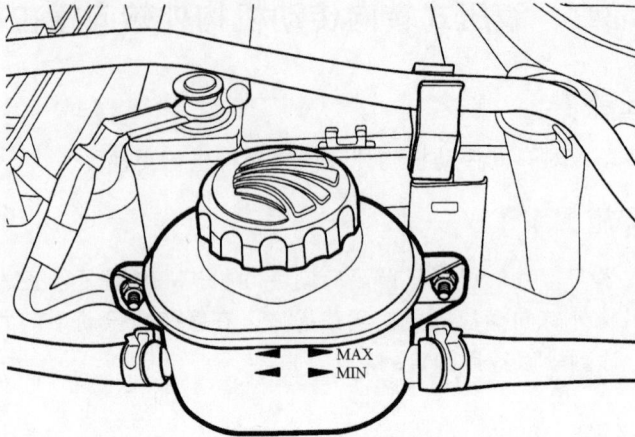

图 3-3-6　储油罐

（4）专业液位应处于最高和最低位之间。

（5）转向系统转向助力油泄漏检查。如果发现转向助力油液面过低，先检查转向助力油管路、管路连接处（包括卡箍是否卡紧）、转向压力开关等位置是否有泄漏。如果发现有泄漏，先进行排除泄漏后，再进行转向助力油添加。转向助力油添加必须符合要求。在汽车行驶过程中需要打转向盘时，应该尽量避免将转向盘打死，因为转向盘打死会使管路里的转向助力油压力升高，各个油管接口处橡胶管路就有可能出现泄漏。

2. 助力转向泵的更换

（1）拆卸程序。

① 拆卸空气滤清器壳体总成螺栓和进气管。

② 从车上拆卸空气滤清器壳体总成。

③ 用扳手顺时针拧紧张紧器螺栓，压缩张紧器释放蛇形附件传动皮带上的张紧力。

④ 拆卸蛇形附件传动皮带，如图 3-3-7 所示。

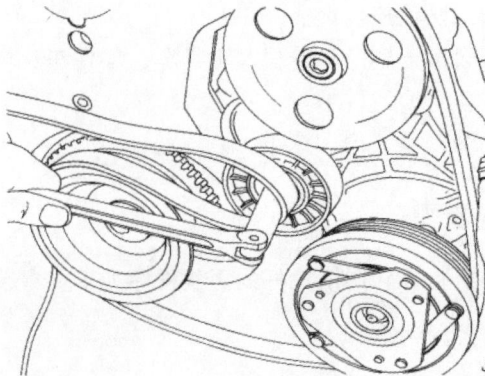

图 3-3-7　拆卸传动皮带

⑤ 从动力转向泵上断开高压软管后，用接油盘接收从高压软管流出的动力转向液。

⑥ 从动力转向泵上断开高压软管接头。

⑦ 从动力转向泵上断开供油软管后，用接油盆接收从供油软管流出的动力转向液。

⑧ 从动力转向泵上断开供油软管。

⑨ 从动力转向泵右前侧拆卸螺栓，如图 3-3-8 所示。

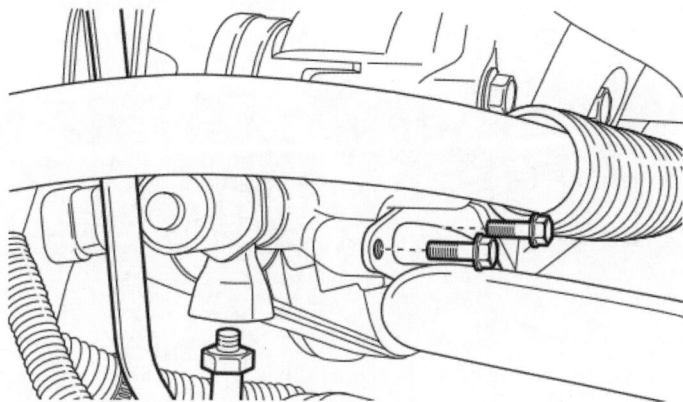

图 3-3-8　拆卸螺栓（1）

⑩ 拆卸两条动力转向泵螺栓（见图 3-3-9），然后从车上拆卸动力转向泵。

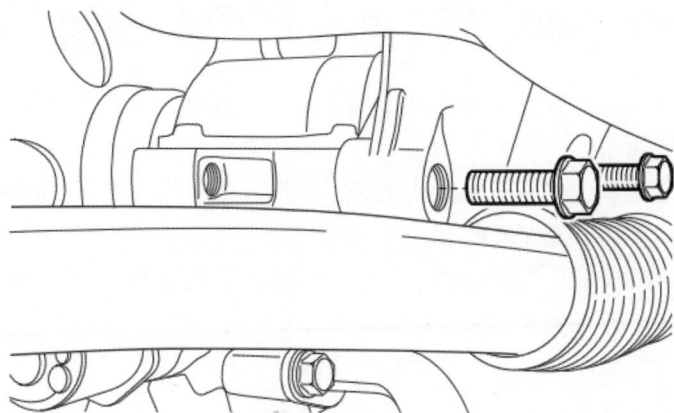

图 3-3-9　拆卸螺栓（2）

（2）安装程序。

① 将动力转向泵安装到车上，然后再安装两条动力转向泵螺栓。紧固两条动力转向泵螺栓至 25 N·m。

② 向下转动动力转向泵托架，然后安装右前侧螺栓。紧固两条右动力转向泵托架螺栓至 35 N·m。

③ 将供油软管连接至动力转向泵。

④ 将高压软管接头连接至动力转向泵。紧固高压软管接头至 28 N·m。

⑤ 安装蛇形附件传动皮带。用扳手顺时针拧紧张紧器螺栓，压缩张紧器，释放蛇形附件传动皮带上的张紧力。将扳手放在张紧器螺栓上合适的位置，将蛇形附件传动带松弛地环套在皮带轮上，如图 3-3-10 所示。

图 3-3-10　紧固传动皮带

⑥ 重新加注动力转向液。

⑦ 排放动力转向系统中的空气。

a. 将方向盘向左打到底，将动力转向液添加至油液液面指示器的 MIN（最低）标记。

注意：在添加或完全更换油液时，务必使用动力转向液，否则会导致软管和密封损坏及油液泄漏。

b. 启动发动机，使发动机在快速怠速下运行，重新检查液面。必要时，添加油液，使液面达到 MIN（最低）标记。

c. 将方向盘从一侧打到另一侧，但在任一侧都不要打到底，放出系统中的空气。将液面保持在 MIN（最低）标记。必须放出油液中的空气，才能获得正常转向性能。

d. 使方向盘回到中心位置。发动机继续运行 3 min。

e. 路试车辆，确保转向功能正常且没有噪声。

f. 按步骤①和②，重新检查液面。确保系统达到正常工作温度并稳定后，液面达到 MAX（最高）标记。必要时添加油液。

三、异常情况处理办法

【任务考核】

项目三　转向系统的构造与维修		
任务三　液压式动力转向系统维修		
姓名		组别	
班级		学号	
题型	考核题目	得分
单选	（1）下列关于检查动力转向液液位的说法，正确的是（　　　）。 A. 当发动机怠速时，转动方向盘数次，使动力转向液的温度达到 40～80 ℃；然后，停止发动机并检查储液罐液位是否处于规定范围内 B. 发动机运转时，检查储液罐液位是否处于规定范围内 C. 转动方向盘时，检查储液罐液位是否处于规定范围内 （2）动力转向液中，若液压油中有大量的气泡，是因为（　　　）。 A. 液压油中混入水分 B. 液压油过少，运行中混入了空气 C. 正常	
判断	（1）转向助力油需要定期更换，但发现其过脏变质时即使不到更换期限也应该更换。（　　　） （2）当发现转向助力油油位低于规定下限时，直接将转向助力油加至上下限之间。（　　　） （3）汽车行驶过程中，经常出现打死转向盘的现象。（　　　） （4）动力转向系统主要是出于减轻驾驶人的疲劳强度，改善转向系统的技术性能。（　　　） （5）目前正在生产的汽车均采用动力转向系统，纯机械转向系统已被淘汰。（　　　）	
总分		

任务四　电控式动力转向系统维修

【情境导入】

　　车主王先生驾驶一辆轿车，车辆出现转向沉重的现象，初步怀疑是转向系统出现了问题。为了确定故障原因，底盘电控动力转向系统需做进一步检测。

接车与填写接车问诊表

接 车 问 诊 表		
车牌号：　　　　　　车架号：　　　　　　　　行驶里程：　　　　　　（km）		
用户名：　　　　　　　电话：　　　　　　　来店时间：		
用户陈述及故障发生时的状况：转向沉重		
故障发生状况提示：行驶速度、发动机状态、发生频率、发生时间、部位、天气、路面状况、声音描述		
接车员检测确认建议：检查电控动力转向系统		
车间检测确认结果及主要故障零部件：		
车间检查确认者：		
外观确认： （请在有缺陷部位作标识）	功能确认：（工作正常 √　不正常×） □音响系统　□门锁（防盗器）□全车灯光 □工具　　　□后视镜　□天窗　　□座椅 □点烟器　　□玻璃升降器　　□玻璃 物品确认：（有√　无×） 贵重物品提示 □工具　　　　　□备胎 □灭火器　　　　□其他 （　　　　　　　　　） 旧件是否交还用户 □是　　　　□否 用户是否需要洗车 □是　　　　□否	
·检测费说明：本次检测的故障如用户在本店维修，检测费包含在修理费用内；如用户不在本店维修，请您支付检测费。本次检测费：¥　　　　　元。		
·贵重物品：在将车辆交给我店检查修理前，已提示将车内贵重物品自行收起并保存好，如有遗失恕不负责。		
接车员：　　　　　　　　　　　　　　　用户确认：		

【信息分析】

查阅相关资料，尝试回答如下问题。

（1）电动式电控动力转向系统的特点是什么？

（2）电动式电控动力转向系统组成是什么？

（3）电动式电控动力转向系统工作原理是什么？

【信息收集】

一、电动式电控动力转向系统的特点

电控动力转向系统（Electric Power Steering），简称 EPS，驾驶员在操纵方向盘进行转向时，转矩传感器检测到转向盘的转向以及转矩的大小，将电压信号输送到电子控制单元，电子控制单元根据转矩传感器检测到的转矩电压信号、转动方向和车速信号等，向电动机控制器发出指令，使电动机输出相应大小和方向的转向助力转矩，从而产生辅助动力。汽车不转向时，电子控制单元不向电动机控制器发出指令，电动机不工作。

二、电动式电控动力转向系统组成

电动转向系统由转矩传感器、轮速传感器、电子控制单元 ECU、电动机等组成，如图 3-4-1 所示，其利用电动机产生的动力协助驾驶者进行转向助力。电动助力转向系统是一种直接依靠电机提供辅助扭矩的动力转向系统。

三、电动式电控动力转向系统工作原理

EPS 的基本原理是转矩传感器与转向轴（小齿轮轴）连接在一起，当转向轴转动时，转矩传感器开始工作，把输入轴和输出轴在扭杆作用下产生的相对转动角位移变成电信号传给 ECU，ECU 根据车速传感器和转矩传感器的信号决定电动机的旋转方向和助力电流的大小，从而完成实时控制助力转向。因此它可以很容易地实现在车速不同时提供电动机不同的助力效果，保证汽车在低速转向行驶时轻便灵活，高速转向行驶时稳定可靠。

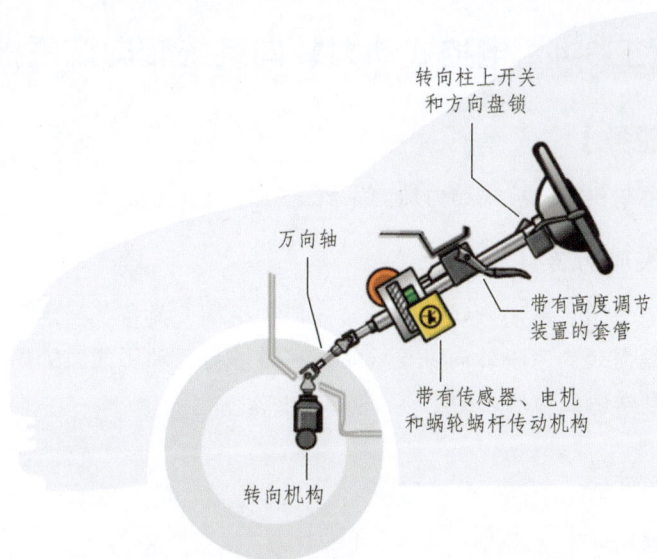

转向柱上开关
和方向盘锁

万向轴

带有高度调节
装置的套管

带有传感器、电机
和蜗轮蜗杆传动机构

转向机构

图 3-4-1　电动式电控动力转向系统组成

　　电动助力转向系统是在传统机械转向系统的基础上发展起来的。它利用电动机产生的动力来帮助驾驶员进行转向操作，系统主要由三大部分构成：信号传感装置（扭矩传感器、转角传感器和车速传感器），转向助力机构（电机、离合器、减速传动机构）及电子控制装置。电动机仅在需要助力时工作，驾驶员在操纵转向盘时，扭矩转角传感器根据输入扭矩和转向角的大小产生相应的电压信号，车速传感器检测到车速信号，控制单元根据电压和车速的信号，给出指令控制电动机运转，从而产生所需的转向助力。工作原理如图 3-4-2 所示。

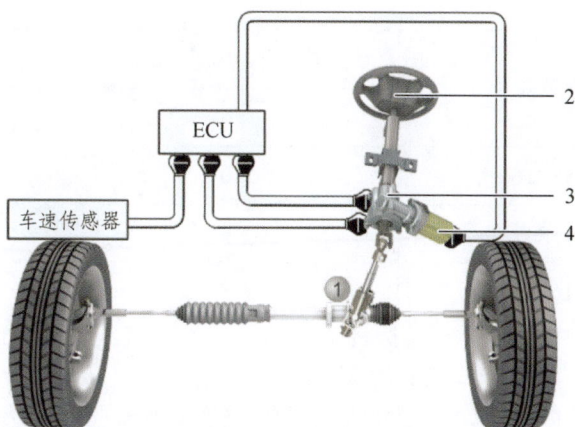

ECU

车速传感器

2

3

4

①

方向盘转矩越大，助力越大。车速越高，助力越小

1—转向器总成；2—转向盘；3—转矩传感器；4—电动机。

图 3-4-2　电动式电控动力转向系统工作原理

活页工 3-4　电控式动力转向系统转向沉重检修

【接受工作任务】

根据给定轿车，对电控式动力转向系统进行转向沉重检修。

【制定任务实施方案】

通过前面的学习，我们已经了解了转向传动机构，具备了一定的理论基础，现进行对电控式动力转向系统转向沉重检修，在锻炼自己动手能力的同时将所学知识融会贯通，达到学以致用的目的。

一、任务分工

（1）设备器材。
（2）场地设施：消防设施场地。
（3）设备设施：轿车一辆、举升机、工具车、零件车、垃圾桶。
（4）专用设备。
（5）耗材：染色剂、清洗剂、抹布。

二、任务实施步骤

电控式动力转向系统转向沉重检修程序如下。
（1）检查转向系统是否存在明显的故障，检查故障灯是否点亮。
（2）检查轮胎气压是否正常，标准气压参见轮胎气压标签。

轮胎规格	轮胎充气压力（冷态）/kPa	
	前	后
205/55R16	240	240
225/45R17	240	240
T115/7OR16（备胎）	420	

注：
① 轮胎根据车型配置选用；
② 此表中的信息可能因手册印刷批次原因未及时更新，实际轮胎规格及充气压力以车辆胎压标签为准

（3）举升并顶起车辆，检查转向传动机构外转向横拉杆是否卡滞或磨损，如有异常则更换转向横拉杆，如图 3-4-3 所示。

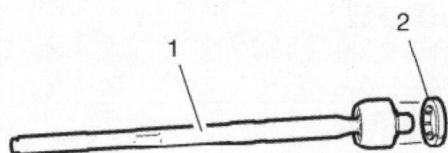

图 3-4-3 检查横拉杆

（4）检查中间转向轴是否磨损或卡滞，如有异常则更换中间转向轴，如图 3-4-4 所示。

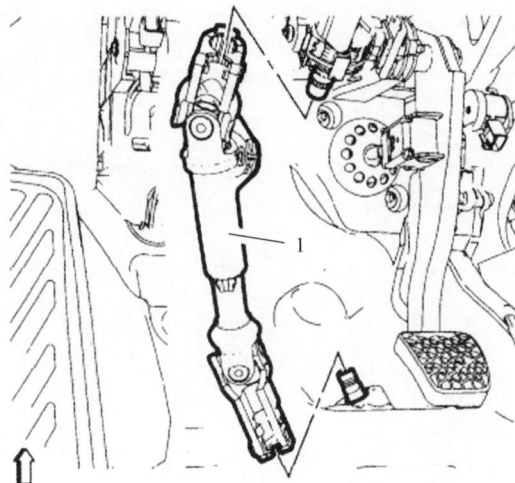

图 3-4-4 检查中间转向轴

（5）检查转向机是否磨损或卡滞，如有异常则更换转向机，如图 3-4-5 所示。

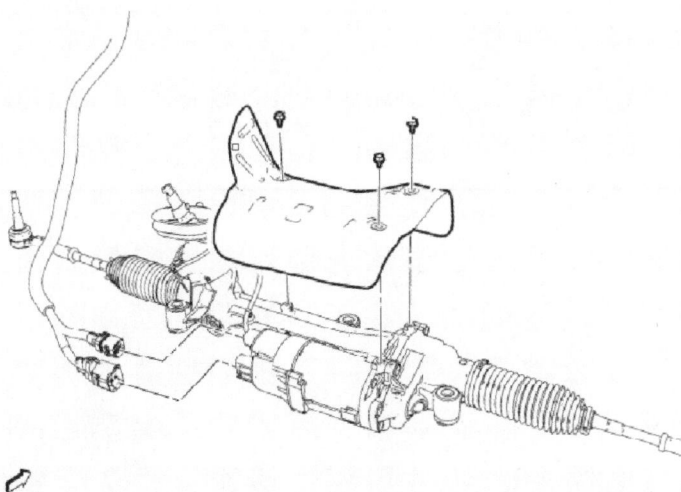

图 3-4-5 检查转向机

三、异常情况处理办法

_____

_____

_____

_____

_____

_____

【任务考核】

项目三　转向系统的构造与维修			
任务四　电控动力转向系统检修			
姓名		组别	
班级		学号	

题型	考核题目	得分
单选	（1）分开式液压动力转向系统是将（　　　）。 A. 转向器、转向动力缸、转向控制阀三者分开布置 B. 转向动力缸和转向控制阀组合制成一个整体 C. 转向器、转向动力缸、转向控制阀三者组合成一个整体 （2）半分开式液压动力转向系统是将（　　　）。 A. 转向器、转向动力缸、转向控制阀三者分开布置 B. 转向动力缸和转向控制阀组合制成一个整体 C. 转向器、转向动力缸、转向控制阀三者组合成一个整体 （3）整体式液压动力转向系统是将（　　　）。 A. 转向器、转向动力缸、转向控制阀三者分开布置 B. 转向动力缸和转向控制阀组合制成一个整体 C. 转向器、转向动力缸、转向控制阀三者组合成一个整体 （4）如果缺少转向角传感器的信息，ESP 就无法得知所需的行驶方向，不会造成（　　　）。 A. ESP 灯点亮 B. ESP 工作延迟 C. 报故障码 （5）关于液压式电控动力转向系统下列说法正确的是（　　　）。 A. 车速低、转向角度大时，油泵泵油量大、油压高，转动转向盘应省力 B. 车速高、转向角度小时，油压油泵泵油量小，油压低，转动转向盘应感觉费力，不发飘，安全性高 C. 左右转向时，在相同的转角下所用的操纵力应该一致	
判断	（1）转角传感器安装于转向盘的转轴上，用于向 EPS ECU 输送转向盘的转动角度和角速度信号。（　　　） （2）光电式转角传感器是一种数字脉冲式传感器。（　　　） （3）EPS 在转向时油泵提供瞬时工作油压，不转向时油泵空转。（　　　） （4）齿轮式转角传感器是一种非接触的无源角度传感器，它采用三个齿轮的机械结构，以测量转角和转过的圈数。（　　　）	

（5）EPS 通过改变直流电动机通电电流来改变油泵转速，从而实现对油泵供油量的控制。 （　　） （6）液压式电控动力转向系统是在电子液压式动力转向系统的基础上发展起来的，它能够实现转向助力放大倍率的变化。 （　　） （7）当高速行驶时，液压式电控动力转向系统为了使驾驶人增强路感保证行驶安全，放大倍率要大。 （　　） （8）带 ESP 的控制单元在更换完转向盘转角传感器后必须进行校准，传感器需知道转向盘的正中位置。 （　　） （9）转向角传感器安装位置一般在转向柱开关和转向盘连接的转向柱上。 （　　） （10）所有转向角传感器通过 CAN 总线进行信息传递。 （　　）	
总分	

项目四

制动系统构造与维修

制动器是汽车底盘制动系统的重要组成部分，汽车行驶时经常需要减速或停车，制动器一旦发生故障，将影响汽车的制动性能，甚至危及行车安全。

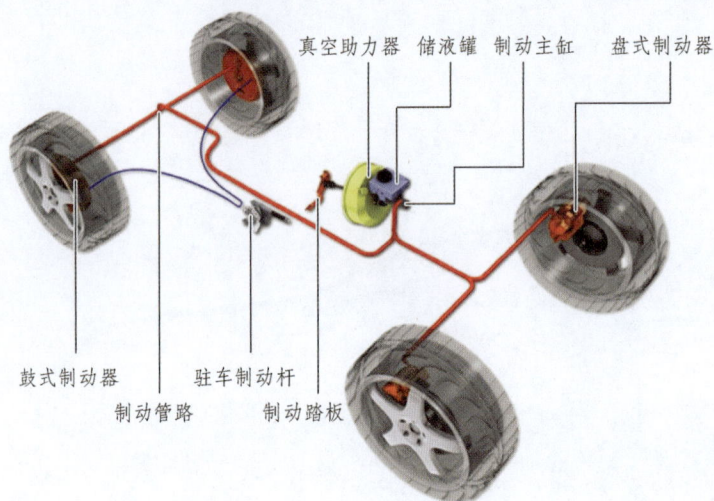

【学习目标】

1. 知识目标
（1）叙述汽车制动器的作用、组成和简单工作原理。
（2）叙述汽车制动器各主要零部件在汽车上的安装位置。
（3）掌握汽车制动器各主要零部件的识别及作用。

2. 技能目标
（1）掌握汽车制动器各主要零部件的识别及作用。
（2）按照技术规范正确拆装汽车制动器。
（3）对汽车制动器的安装质量进行自检。

3. 思政目标
（1）培养良好的职业道德和工匠精神。
（2）培养安全意识和团队协作精神。
（3）培养自我管理和自主学习能力。

任务一　制动系统基本认知

【情境导入】

车主王先生驾驶一辆轿车，该车在行驶时出现制动异响、抖动现象。4S店维修技师经过检测及路试检查，发现车辆行驶时浅踩制动踏板有异响，深踩制动踏板有抖动。初步怀疑是底盘制动系统损坏。为了确定故障原因，底盘制动系统需做进一步检测。

接车与填写接车问诊表

接 车 问 诊 表			
车牌号：	车架号：	行驶里程：　　　　　（km）	
用户名：	电话：	来店时间：	
用户陈述及故障发生时的状况：制动异响、抖动			
故障发生状况提示：行驶速度、发动机状态、发生频率、发生时间、部位、天气、路面状况、声音描述			
接车员检测确认建议：检查燃油系统			
车间检测确认结果及主要故障零部件：			
车间检查确认者：			

外观确认：	功能确认：（工作正常 √　不正常×） □音响系统　□门锁（防盗器）□全车灯光 □工具　　　□后视镜　　□天窗　□座椅 □点烟器　□玻璃升降器　　□玻璃
 （请在有缺陷部位作标识）	物品确认：（有√　无×） 贵重物品提示 □工具　　　　□备胎 □灭火器　　　□其他 （　　　　　　　　　） 旧件是否交还用户 □是　　　□否 用户是否需要洗车 □是　　　□否

　•检测费说明：本次检测的故障如用户在本店维修，检测费包含在修理费用内；如用户不在本店维修，请您支付检测费。本次检测费：¥　　　　　元。

　•贵重物品：在将车辆交给我店检查修理前，已提示将车内贵重物品自行收起并保存好，如有遗失恕不负责。

接车员：　　　　　　　　　　　　　　用户确认：

【信息分析】

查阅相关资料，尝试回答如下问题。

（1）制动器由哪些零部件组成？

（2）制动器的作用是什么？

（3）制动器是如何工作的？

【信息收集】

一、制动系统的功用

汽车制动系统的功用：驾驶员可根据汽车行驶中的情况，通过操纵，使汽车减速甚至紧急停车或正常停车；使下坡行驶的汽车速度保持稳定；使已停驶的汽车保持不动，保证汽车停放可靠。

二、制动系统的分类

1. 按功用不同分类

（1）行车制动系统（见图 4-1-1）：使行驶中的汽车减速或停车。

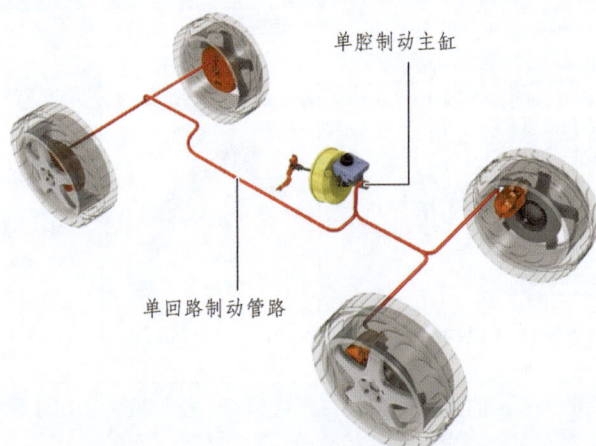

单腔制动主缸

单回路制动管路

图 4-1-1　行车制动系统

（2）驻车制动系统：使已停驶的汽车驻留原地保持不动，如图 4-1-2 所示。

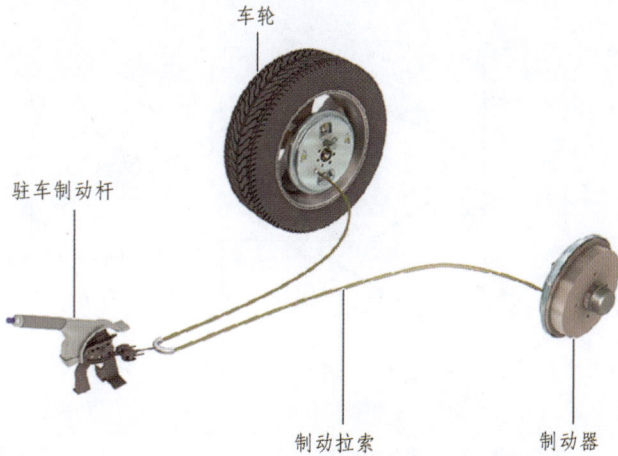

图 4-1-2　驻车制动系统

（3）第二制动系统：当行车制动系统失效时，保证汽车仍能实现减速或停车的另一套装置。

（4）辅助制动系统：汽车下长坡时，用于稳定车速的一套装置。

2. 按制动能源不同分类

（1）人力制动系统：以驾驶员肌体产生制动能源。

（2）动力制动系统：以发动机动力转化成气压或液压势能进行制动。

（3）伺服制动系统：兼用人力和发动机动力进行制动。

3. 按制动能量传输方式不同分类

制动系统按制动能量传输方式不同可分为机械式制动系统、液压式制动系统（见图 4-1-3）、气压式（见图 4-1-4）制动系统三种。

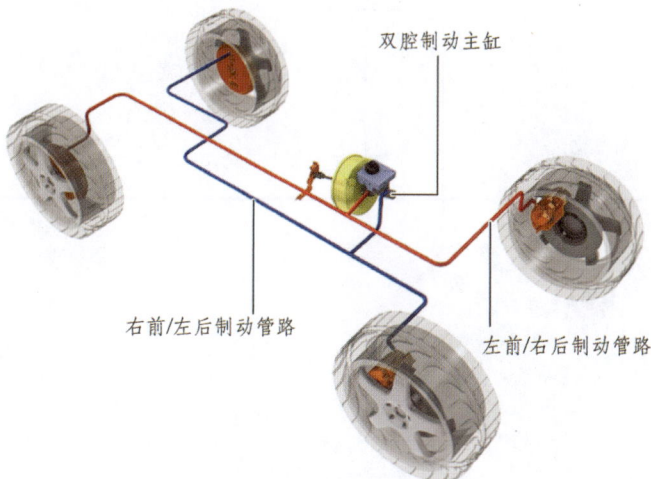

图 4-1-3　液压式制动系统

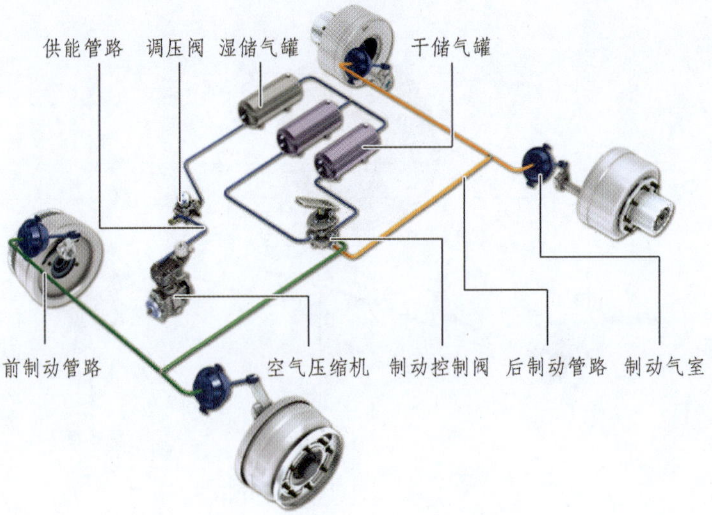

172

图 4-1-4　气压式制动系统

4. 按管路的布置形式不同分类

（1）单回路制动系统：制动系统采用单一的传动回路，当回路中有一处损坏而漏气、漏油时，整个制动系统失效（现已淘汰）。

（2）双回路制动系统：行车制动器的传动回路分属两个彼此独立的回路，当一个回路失效时，还能利用另一个回路获得一定的制动力。

三、制动系统的组成

汽车制动系统主要由以下几部分组成，如图 4-1-5 所示。

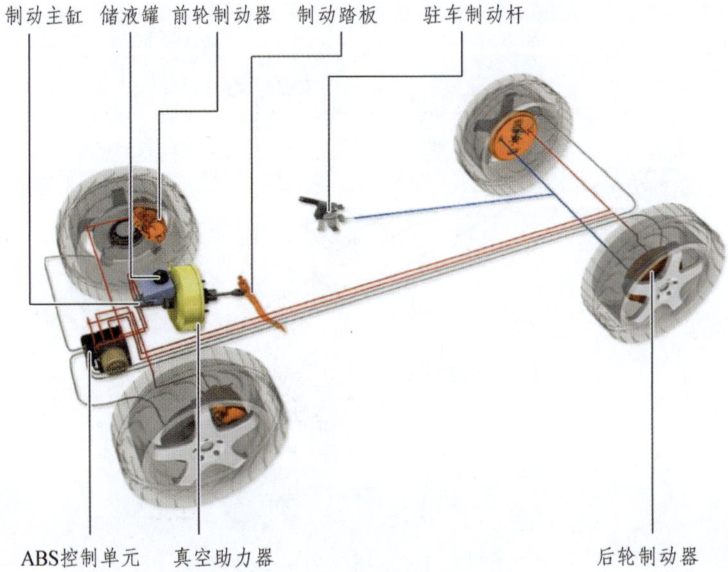

图 4-1-5　汽车制动系统组成

（1）供能装置，包括供给、调节制动所需能量以及改善传能介质状态的各种部件。其中产生制动能量的部分称为制动能源。人的肌体也可作为制动能源。

（2）控制装置，包括产生制动动作和控制制动效果的各种部件，如制动踏板、制动阀等。

（3）传动装置，包括将制动能量传输到制动器的各个部件，如制动主缸和制动轮缸等。

（4）制动器，为产生制动摩擦力矩的部件。

活页工单 4-1　制动系统的结构认识

【接受工作任务】

根据给定的轿车，对制动系统进行结构认知。

【制定任务实施方案】

分组查阅维修手册，认识制动系统的结构及工作原理，为维护与保养准备。

一、任务分工

（1）设备器材。
（2）场地设施：消防设施场地。
（3）设备设施：轿车一辆、举升机、工具车、零件车、垃圾桶。
（4）耗材：染色剂、清洗剂、抹布。

二、任务实施步骤

1. 任务实施

查找维修手册，判断轿车制动系统的类型以及各部件组成（见图 4-1-6）。

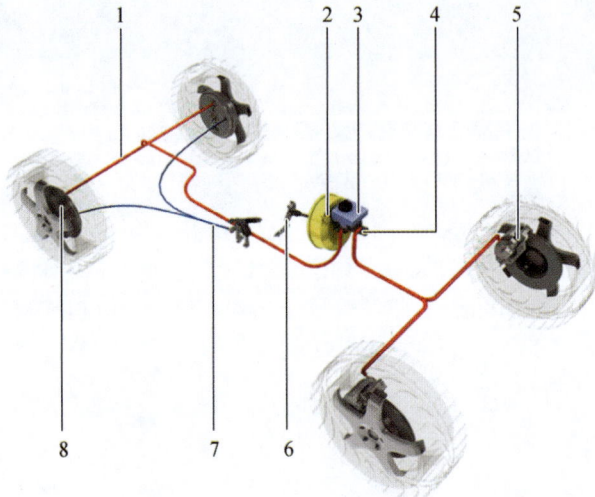

图 4-1-6　制动系统结构

1.＿＿＿＿＿＿＿　　2.＿＿＿＿＿＿＿　　3.＿＿＿＿＿＿＿
4.＿＿＿＿＿＿＿　　5.＿＿＿＿＿＿＿　　6.＿＿＿＿＿＿＿
7.＿＿＿＿＿＿＿　　8.＿＿＿＿＿＿＿

2. 识别底盘制动系统的组成部件

（1）打开车门，罩好"三件套"，拉动发动机舱盖手柄。

（2）在驾驶室内，找出制动踏板、驻车制动杆，观察其所在的位置。

（3）打开发动机舱盖，罩好发动机舱防护罩，拆下发动机护板。

（4）找出真空助力器，观察其所在的位置。

（5）找出制动主缸，观察其所在的位置。

（6）找出储液罐，观察其所在的位置。

（7）按照举升机的操作要求采取相应的安全防护措施，用举升机举起汽车。

（8）在底盘台架上观察车轮制动器的外形及结构。

（9）将汽车及举升机复位，并检查复位状况是否良好。

三、异常情况处理办法

_____

_____

_____

_____

_____

_____

【任务考核】

项目四 制动系统构造与维修		
任务一 制动系统基本认知		
姓名	组别	
班级	学号	
题型	考核题目	得分
单选	（1）汽车制动时，制动力的大小取决于（ ）。 A. 汽车的载质量 B. 制动力矩 C. 车速 D. 轮胎与地面的附着条件 （2）我国国家标准规定任何一辆汽车都必须具有（ ）。 A. 行车制动系统 B. 驻车制动系统 C. 第二制动系统 D. 辅助制动系统 （3）国际标准化组织 ISO 规定（ ）必须能实现渐进制动。 A. 行车制动系统 B. 驻车制动系统 C. 第二制动系统 D. 辅助制动系统 （4）汽车制动时，制动力 FB 与车轮和地面之间的附着力 FA 的关系为（ ）。 A. $FB<FA$ B. $FB>FA$ C. $FB \leqslant FA$ D. $FB \geqslant FA$ （5）汽车制动时，当车轮制动力 FB 等于车轮与地面之间的附着力 FA 时，则车轮（ ）。 A. 做纯滚动 B. 做纯滑移 C. 边滚边滑 D. 不动	
判断	（1）目前所有汽车都采用双回路制动系统，当一个回路失效时，另一个回路仍能工作，这样有效提高了汽车的行车安全性。 （ ） （2）行车制动系统是使行驶中的汽车增加速度的一套专门装置。 （ ）	
总分		

任务二　行车制动系统的维修

【情境导入】

车主王先生驾驶一辆轿车，该车在行驶时出现制动异响、抖动现象。4S店维修技师经过检测及路试检查，发现车辆行驶时浅踩制动踏板有异响，深踩制动踏板有抖动。初步怀疑故障是底盘制动系统损坏。为了确定故障原因，底盘制动系统需做进一步检测。

接车与填写接车问诊表

接 车 问 诊 表			
车牌号：	车架号：	行驶里程：	（km）
用户名：	电话：	来店时间：	
用户陈述及故障发生时的状况：制动异响、抖动			
故障发生状况提示：行驶速度、发动机状态、发生频率、发生时间、部位、天气、路面状况、声音描述			
接车员检测确认建议：检查燃油系统			
车间检测确认结果及主要故障零部件：			
车间检查确认者：			

外观确认：

（请在有缺陷部位作标识）

功能确认：（工作正常 √　不正常×）

□音响系统　□门锁（防盗器）□全车灯光
□工具　　　□后视镜　　□天窗　　□座椅
□点烟器　　□玻璃升降器　　□玻璃

物品确认：（有√　无×）

贵重物品提示
□工具　　　　□备胎
□灭火器　　　□其他
（　　　　　　　　　）
旧件是否交还用户
□是　　　□否
用户是否需要洗车
□是　　　□否

·检测费说明：本次检测的故障如用户在本店维修，检测费包含在修理费用内；如用户不在本店维修，请您支付检测费。本次检测费：¥　　　　元。

·贵重物品：在将车辆交给我店检查修理前，已提示将车内贵重物品自行收起并保存好，如有遗失恕不负责。

接车员　　　　　　　　　　用户确认

【信息分析】

查阅相关资料，尝试回答如下问题。

（1）行车制动器由哪些零部件组成？

（2）行车制动器的作用是什么？

（3）行车制动器是如何工作的？

【信息收集】

一、行车制动装置的功用

行车制动装置的功用是使正在行驶中的汽车减速或在最短的距离内停车。而停车制动装置的功用是使已经停在各种路面上的汽车保持不动。有时在紧急情况下，两种制动装置可同时使用进而增加汽车制动的效果。有些特殊用途的汽车和经常在山区行驶的汽车，频繁地制动将导致行车制动装置过热，因此在这些汽车上往往增设各种不同型式的辅助制动装置以便在下坡时稳定车速。

二、车轮制动器

制动器的旋转元件固装在车轮上，制动力矩直接作用于车轮上的制动器称为车轮制动器。它主要由固定部分、旋转部分、张开机构和调整机构等组成。

汽车上采用的车轮制动器按旋转元件的不同，可分为盘式制动器和鼓式制动器两类。

（1）盘式制动器：旋转元件为制动盘，工作表面为圆端面，如图 4-2-1 所示。

（2）鼓式制动器：旋转元件为制动鼓，工作表面为圆柱面，如图 4-2-2 所示。

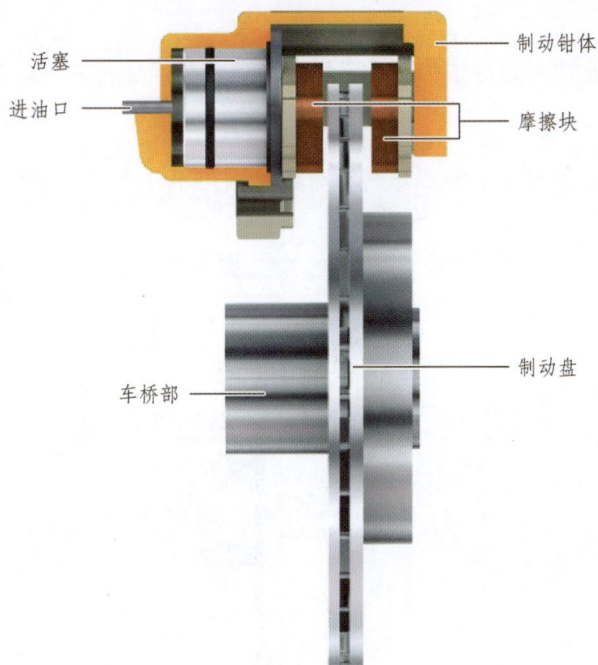

图 4-2-1　盘式制动器

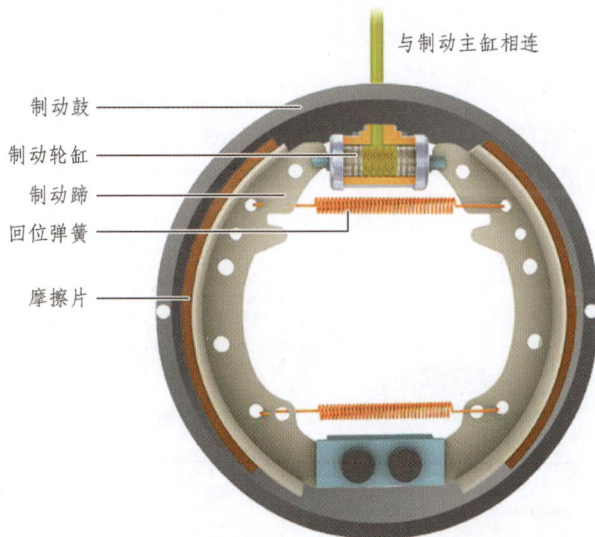

图 4-2-2　鼓式制动器

钳盘式制动器的旋转元件是制动盘，固定元件是制动钳。钳盘式制动器主要有定钳盘式制动器和浮钳盘式制动器两种。

三、盘式制动器

根据固定元件结构形式不同，盘式制动器可分为钳盘式制动器和全盘式制动器两种。钳盘式制动器在轿车及轻型货车上应用较普遍。全盘式制动器只有被少数汽车采用。

钳盘式制动器按制动钳结构形式不同，又可分为定钳盘式和浮钳盘式两大类。

1. 定钳盘式制动器

特点：制动钳体有两个活塞，制动时钳体固定不动，其构造和工作原理分别如图 4-2-3 所示。

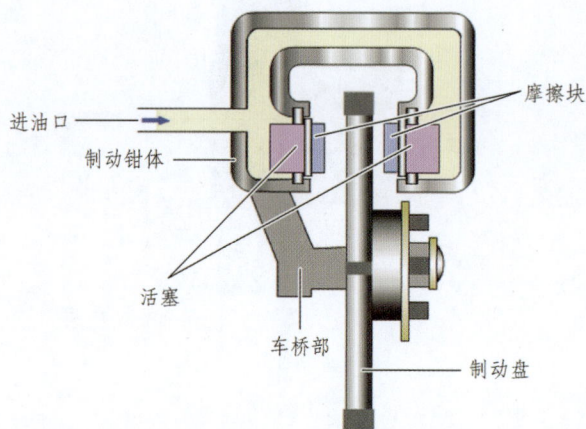

图 4-2-3　定钳盘式制动器

2. 浮钳盘式制动器

特点：制动钳体只有一个活塞，制动时钳体要移动，其构造和工作原理分别如图 4-2-4、4-2-5 所示。

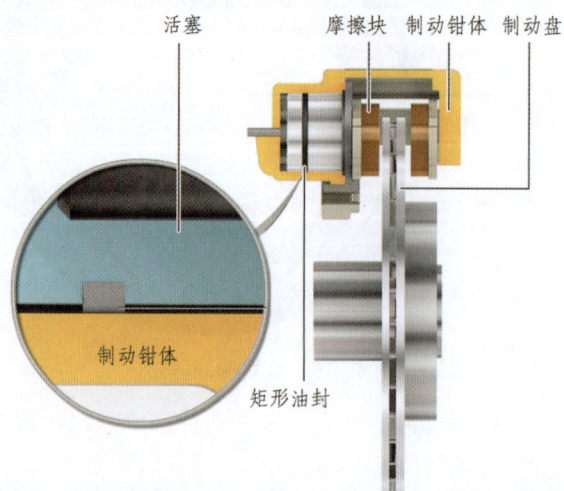

图 4-2-4　浮钳盘式制动器工作原理

导向螺栓 制动钳壳体 保持弹簧 油封 活塞防尘罩

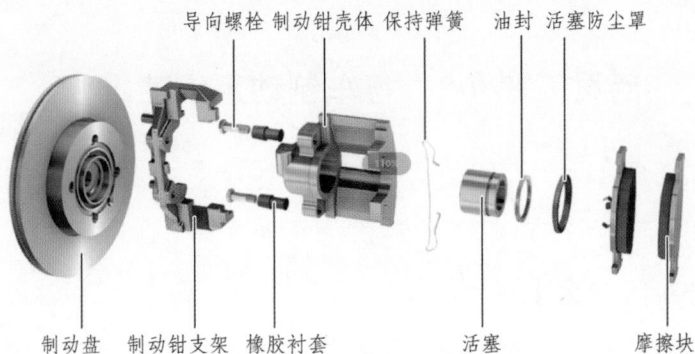

制动盘　制动钳支架　橡胶衬套　　　　活塞　　　　　摩擦块

图 4-2-5　浮钳盘式制动器结构

由于盘式制动器具有散热能力强、热稳定性能好、涉水性能好等优点，所以，目前盘式制动器已广泛应用于轿车。

活页工单 4-2 行车制动系统的维修

【接受工作任务】

根据给定轿车，对行车制动系统制动片进行更换。

【制定任务实施方案】

每四位同学成一组，能够规范使用盘式制动器拆装工具，按照企业岗位操作规范对盘式制动器进行拆装作业。每组作业时间为 20 min。

一、任务分工

（1）设备器材。
（2）场地设施：消防设施场地。
（3）设备设施：轿车一辆、举升机、工具车、零件车、垃圾桶。
（4）耗材：染色剂、清洗剂、抹布

二、任务实施步骤

1. 制动片的拆卸

（1）检查制动主缸储液罐中的液位。

① 如果制动液液位处于最满标记和最低允许液位之间的中间位置，则在开始本程序前不必排出制动液。

② 如果制动液液位高于最满标记和最低允许液位之间的中间位置，则在开始前应将制动液排出至中间位置。

（2）举起车辆，拆卸车轮。

（3）拆卸前制动钳螺栓 2，如图 4-2-6 所示。

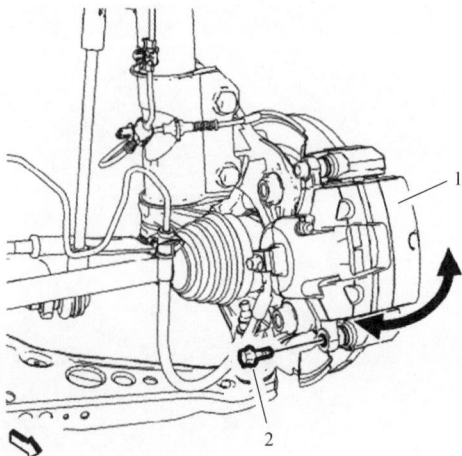

图 4-2-6 拆卸螺栓

（4）向上转动制动钳，并用粗钢丝支撑。

（5）拆下盘式制动片1，如图4-2-7所示。

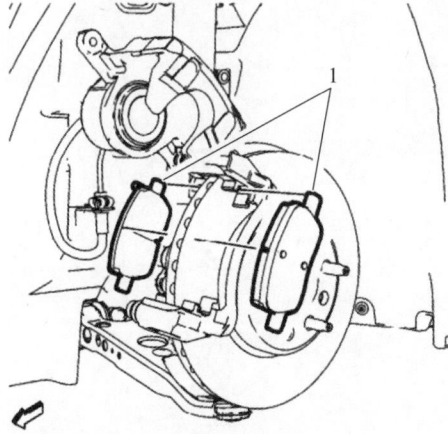

图 4-2-7　拆卸制动片

（6）将盘式制动器制动钳活塞1推至制动钳孔内（使用制动钳活塞收缩专用工具），如图4-2-8所示。

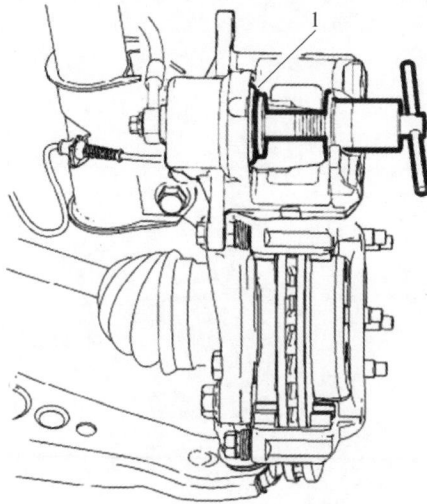

图 4-2-8　活塞推入制动钳孔中

（7）移除制动片弹簧1，如图4-2-9所示。

（8）彻底清除制动钳托架上的制动片构件接合面处的所有碎屑和腐蚀现象。

（9）检查前制动钳导销是否自由移动，并检查导销护套的状况。在支架孔内，里外移动导销，但不能使滑动脱离护套，并查看是否有以下状况：制动钳导销移动受限；制动钳安装托架松动；制动钳导销卡死或卡滞；护套开裂或破损。

（10）如果发现上述任何状况，则需要更换制动钳导销和/或护套。

184

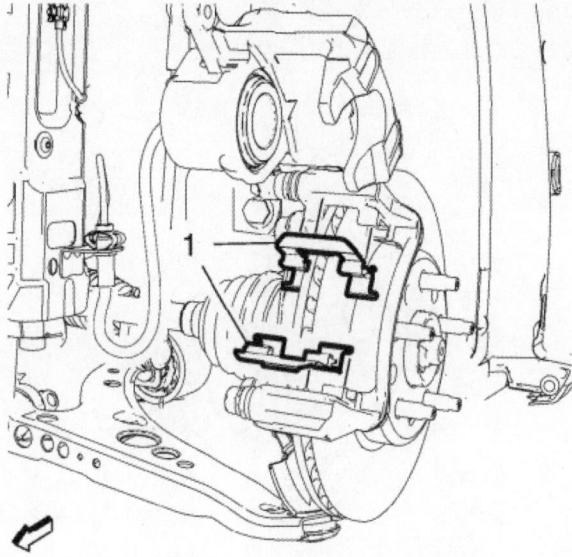

图 4-2-9　移除制动片弹簧

2. 制动片的安装

（1）确保制动片构件接合面清洁干净，安装制动片弹簧 1，如图 4-2-10 所示。

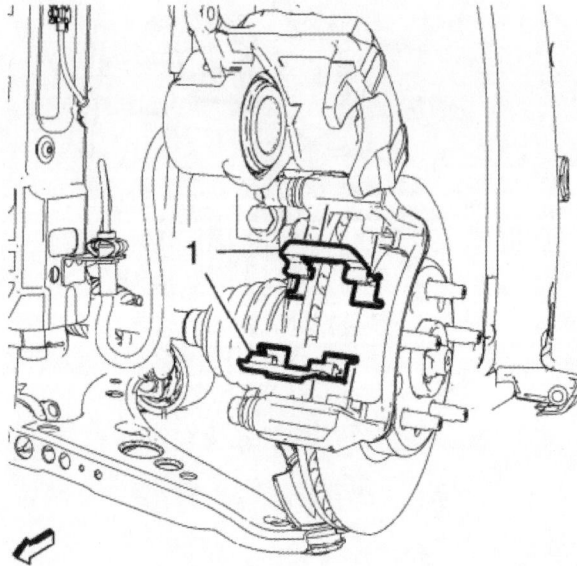

图 4-2-10　安装制动片弹簧

（2）在制动片固定件上涂上一薄层高温硅酮润滑剂、黏合剂、油液、润滑剂和密封胶。

（3）安装盘式制动片 1，如图 4-2-11 所示。

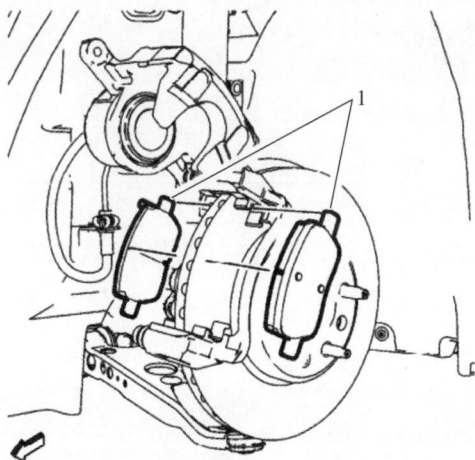

图 4-2-11　安装制动片

注意：装配磨损传感器的盘式制动片必须安装至制动盘内侧的上部位置。

（4）拆下支架并将后制动钳转动到位，越过盘式制动片至制动钳安装托架。

（5）前制动钳螺栓 2 安装并紧固 36 N·m，如图 4-2-12 所示。

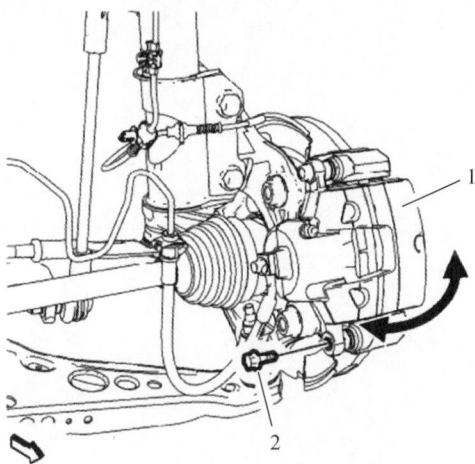

图 4-2-12　安装前制动钳螺栓

（6）安装轮胎和车轮。

（7）关闭发动机，逐渐踩下制动踏板至其行程约 2/3 处。

（8）缓慢释放制动踏板。

（9）等待 15 s，然后再次逐渐踩下制动踏板至其行程约 2/3 处，直到制动踏板坚实。这将使制动钳活塞和制动片正确就位。

（10）检查制动主缸储液罐中的液位。

（11）使用存放在清洁、密封的制动液容器中 GM 认可的制动液，将制动主缸储液罐加注到最高液位。

三、异常情况处理办法

_____

_____

_____

_____

_____

_____

【任务考核】

项目四　制动系统构造与维修			
任务二　行车制动系统的维修			
姓名		组别	
班级		学号	

题型	考核题目	得分
单选	（1）以下不是制动系统分类的是（　　　）。 A. 行车制动系统　　　　B. 驻车制动系统 C. 辅助制动装置　　　　D. 人力制动装置 （2）以下不是制动器结构组成的是（　　　）。 A. 固定元件　　　　　　B. 旋转元件 C. 定位调整机构　　　　D. 锁紧装置 （3）以下不是液压制动系统组成部分的是（　　　）。 A. 供能装置　　　　　　B. 控制装置 C. 手传动装置　　　　　D. 制动器	
判断	（1）盘式制动器主要有钳盘式和全盘式两种。　　　　　　（　　　） （2）定钳盘式制动器特点是制动盘两侧的制动块用两个液压缸同时促动。　　　　　　　　　　　　　　　　　　　　　　　　（　　　） （3）钳盘式制动器的活塞密封圈除了起密封作用外，还兼起活塞回位作用和调整间隙的作用。　　　　　　　　　　　　　　（　　　） （4）滑动钳盘式制动器的特点是制动钳可以相对制动盘作轴向滑动；只在制动盘的内侧设置油缸，而外侧的制动块则附装在钳体上。（　　　） （5）汽车上都装有排气制动装置。　　　　　　　　　　　（　　　）	
总分		

任务三　驻车制动系统的维修

【情境导入】

车主王先生驾驶一辆轿车，停车时手刹不起作用。4S 店维修技师经过检测，初步怀疑是底盘驻车制动系统损坏。为了确定故障原因，底盘驻车制动系统需做进一步检测。

接车与填写接车问诊表

接 车 问 诊 表			
车牌号：	车架号：	行驶里程：	（km）
用户名：	电话：	来店时间：	
用户陈述及故障发生时的状况：驻车系统无法工作			
故障发生状况提示：行驶速度、发动机状态、发生频率、发生时间、部位、天气、路面状况、声音描述			
接车员检测确认建议：检查驻车系统			
车间检测确认结果及主要故障零部件：			
车间检查确认者：			
外观确认： （请在有缺陷部位作标识）		功能确认：（工作正常 √ 不正常 ×） □音响系统 □门锁（防盗器）□全车灯光 □工具　　□后视镜　□天窗　　□座椅 □点烟器　□玻璃升降器　□玻璃 物品确认：（有 √　无 ×） 贵重物品提示 □工具　　　　□备胎 □灭火器　　　□其他 （　　　　　　　　　） 旧件是否交还用户 □是　　　□否 用户是否需要洗车 □是　　　□否	
·检测费说明：本次检测的故障如用户在本店维修，检测费包含在修理费用内；如用户不在本店维修，请您支付检测费。本次检测费：￥　　　　　元。 ·贵重物品：在将车辆交给我店检查修理前，已提示将车内贵重物品自行收起并保存好，如有遗失恕不负责。			
接车员：　　　　　　　　　　　　　　用户确认：			

【信息分析】

查阅相关资料，尝试回答如下问题。

（1）驻车制动器由哪些零部件组成？

（2）驻车制动器的作用是什么？

（3）驻车制动器是如何工作的？

【信息收集】

一、驻车制动器的功用

驻车制动，一般叫作手刹，它的作用就是在停车时，给汽车一个阻力，使汽车不溜车。驻车制动，也就是手刹或者自动挡中的停车挡，锁住传动轴或者后轮。驻车制动比行车制动的力小很多很多，仅仅是在坡路停车不溜车就可以了。

二、驻车制动器的类型

驻车制动有不同的类型，如用手或用脚操作的机械机构。另外，高级车也逐渐采用电子控制的驻车系统，俗称电子手刹，如图 4-3-1～图 4-3-3 所示。

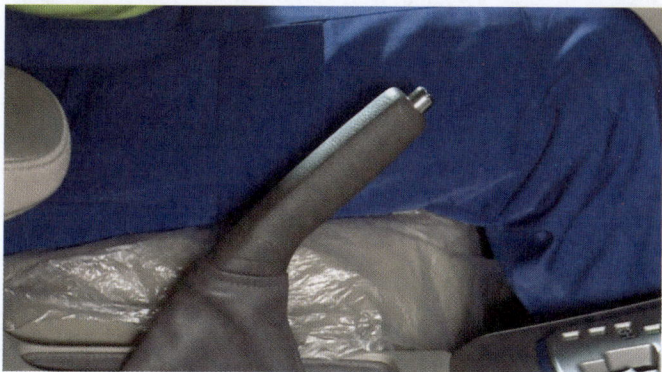

图 4-3-1　手操作机械驻车制动

图 4-3-2　脚踏式机械驻车制动

图 4-3-3　电子式驻车制动

三、驻车制动器的组成

1. 机械式驻车制动系统

驻车制动系统由手刹拉杆的手柄部、与拉杆相连的连接杆、左右制动力分配的均衡器、与均衡器相连的左右手刹拉线、在拉线末端连接的制动器组成。驻车制动系统中的制动器通常是盘式结构，制动力较小，因此还需要附加一个鼓式制动器，如图 4-3-4 所示。

2. 电子驻车制动系统

电子驻车制动系统通常由电子驻车控制按键、电子驻车制动器、电子驻车控制模块和 ABS 控制单元等组成，如图 4-3-5 所示。

电子制动控制单元将诊断驻车制动器电机电路以确认其工作正常。驻车制动器电机电路用于指令执行器电机操作，接合或释放驻车制动器。这些电路用于激活执行器（在后制动钳活塞上施加或释放压力），最终接合或释放驻车制动器。电子制动控制单元通过测量电机增加的电流消耗来监测驻车制动器电机从而确定电机的最终停止。释放时，电机激活一段时间直到处于打开位置。拉起驻车制动器开关时，信号发送至电子制动控制单元，其将提供 12 V 电压至接合控制电路并提供搭铁至分离控制电路，从而导致左右驻车制动器执行器激活，使驻车制动器接合。按下驻车制动器开关时，信号发送至电子制动控制单元，其将提供 12 V 电压至分离控制电路并提供搭铁至接合控制电路，从而导致左右驻车制动器执行器激活，使驻车制动器分离，如图 4-3-6 所示。

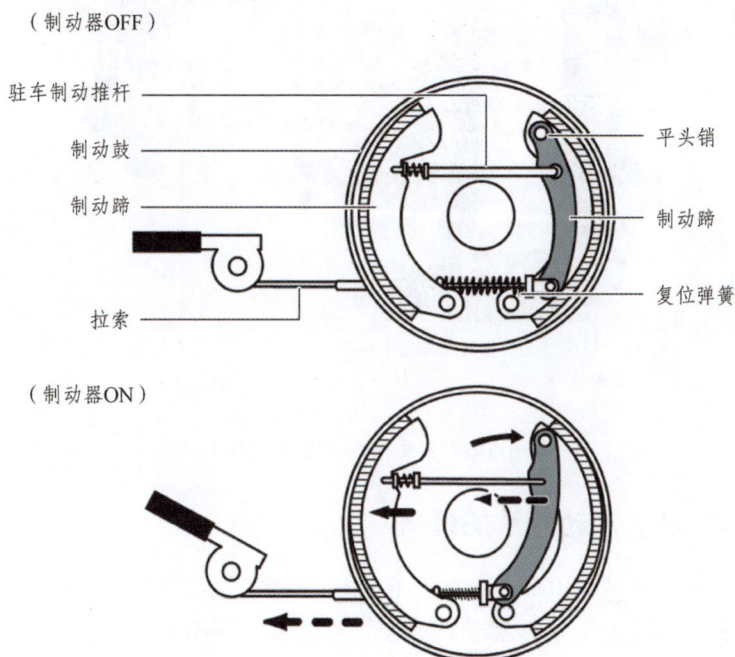

（制动器OFF）

（制动器ON）

图 4-3-4　机械式驻车制动系统组成

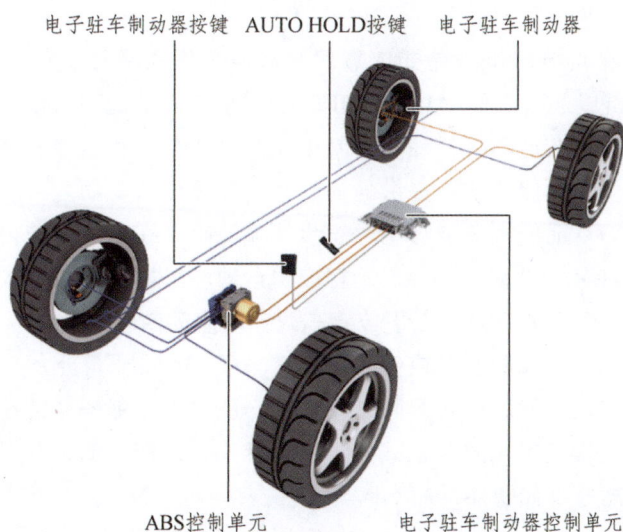

图 4-3-5　电子式驻车制动系统组成

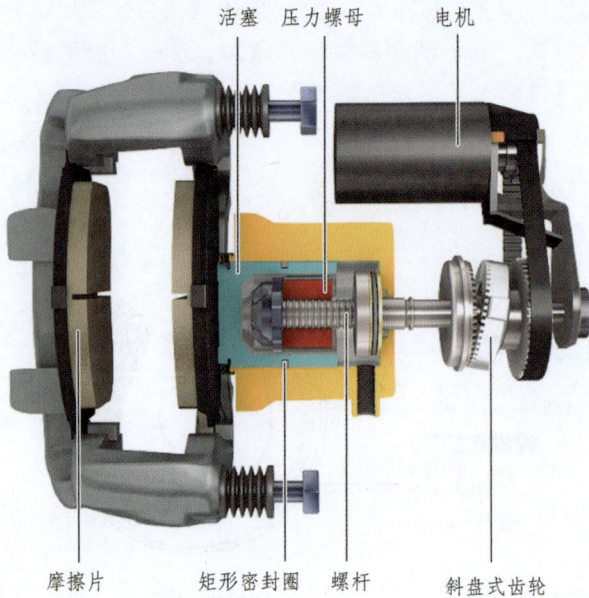

活塞　压力螺母　　电机

摩擦片　　矩形密封圈　螺杆　　斜盘式齿轮

图 4-3-6　电子式驻车制动器结构

四、电子驻车制动系统的优势

电子驻车制动系统（Electrical Park Brake，EPB）是指将行车过程中的临时性制动和停车后的长时性制动功能整合在一起，并且以电子控制方式实现停车制动的技术。电子手刹是以电子控制方式实现停车制动的技术，其工作原理与机械式手刹相同，均是通过刹车盘与刹车片产生的摩擦力来达到控制停车制动，只不过控制方式从之前的机械式手刹拉杆变成了电子按钮。

传统的手刹在斜坡起步时需要依靠驾驶者通过手动释放手制动或者熟练的油门、离合配合来舒畅起步。而 AUTOHOLD 自动驻车功能通过坡度传感器由控制器给出准确的驻车力，在启动时，驻车控制单元通过离合器距离传感器、离合器捏合速度传感器、油门踏板传感器等提供的信息通过计算，当驱动力大于行驶阻力时自动释放驻车制动，从而使汽车能够平稳起步。就算平时在市区行驶得走走停停，只要你启用 AUTO HOLD 功能，便会启动相应的自动驻车功能。智能 AUTO HOLD 自动驻车功能可使车辆在等红灯或上下坡停车时自动启动四轮制动，即使在 D 挡或 N 挡，驾驶员也无须一直脚踩刹车或使用手刹，车子始终处于静止状态。当需要解除静止状态，也只需轻点油门即可解除制动。这一配置对于那些经常在城市里走走停停的驾驶员来说确实实用，同时也减少了由于麻痹大意造成的一些不必要的事故，电子式驻车制动器按键如图 4-3-7 所示。

电子驻车制动器按键 AUTOHOLD按键

图 4-3-7　电子式驻车制动器按键

　　电子手刹从基本的驻车功能延伸到自动驻车功能。自动驻车功能技术的运用，使得驾驶员在车辆停下时不需要长时间刹车。启动自动电子驻车制动，能够避免车辆不必要的滑行，简单地说就是车辆不会溜后。

活页工单 4-3　驻车制动器执行器的更换

【接受工作任务】

根据给定轿车，对驻车制动器执行器进行更换。

【制定任务实施方案】

每四位同学成一组，能够规范使用盘式制动器拆装工具，按照企业岗位操作规范对驻车制动器执行器进行拆装作业。每组作业时间为 30 min。

一、任务分工

（1）设备器材。
（2）场地设施：消防设施场地。
（3）设备设施：轿车一辆、举升机、工具车、零件车、垃圾桶。
（4）耗材：染色剂、清洗剂、抹布。

二、任务实施步骤

1. 驻车制动器执行器的拆卸

（1）将驻车制动器设置到维修模式。
① 在空挡位置改变变速器齿轮。
② 按下电子驻车制动器开关直到组合仪表内的红色驻车制动器状态灯点亮。
注意：不要过紧地踩下制动踏板。如果制动点亮，则表示已足够。
③ 轻轻踩下制动踏板 5 次，直到制动助力器内真空清空。
④ 在发动机关闭的情况下，将点火开关置于 ON（打开）位置。
⑤ 轻轻踩下制动踏板并按下驻车制动器开关 15 s，直到橙色制动维修灯点亮。
⑥ 持续踩下制动踏板，松开并重复按下电子驻车制动器开关 5 s。
⑦ 同时松开电子驻车制动器开关和制动踏板，后制动钳缩回且橙色维修制动灯闪烁。
（2）关闭点火开关。
（3）举升和顶起车辆。
（4）拆下后轮胎和车轮总成。
（5）制动软管接头螺栓 1 移除，如图 4-3-8 所示。
（6）制动软管 2 移除。
（7）盖住制动钳进气孔，以防止制动液损失和污染。
（8）盖住制动软管接头，以防止制动液损失和污染。
（9）报废制动软管接头衬垫 3。
（10）断开电气连接器 1，并从制动钳总成 2 上拆下线束，如图 4-3-9 所示。

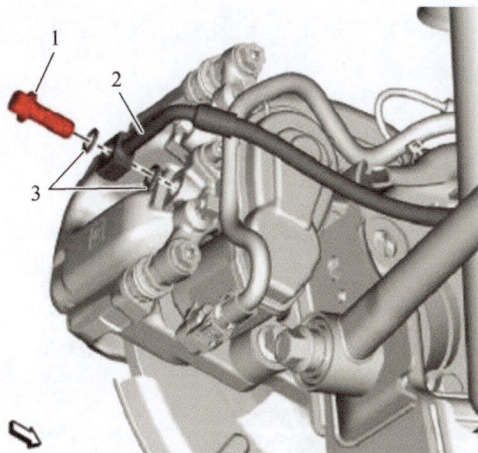

图 4-3-8　移除螺栓

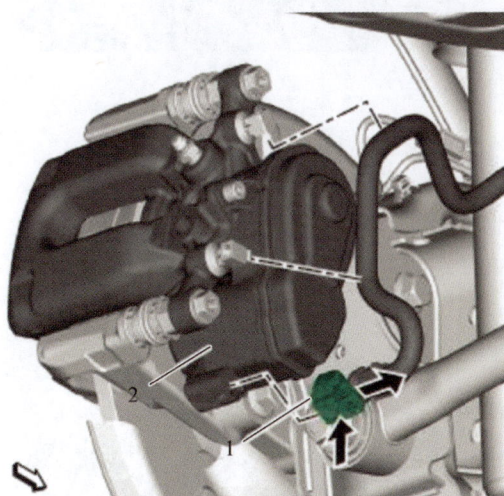

图 4-3-9　拆下线束

（11）从驻车制动器执行器 1 移除螺栓 2，如图 4-3-10 所示。

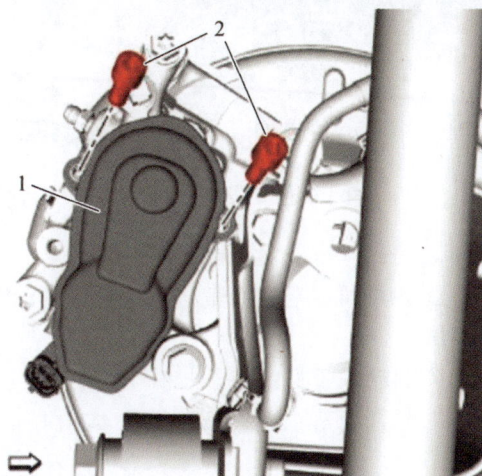

图 4-3-10　移除螺栓

（12）密封圈 1 从后制动钳 2 拆下，并报废上拆下线束，如图 4-3-11 所示。

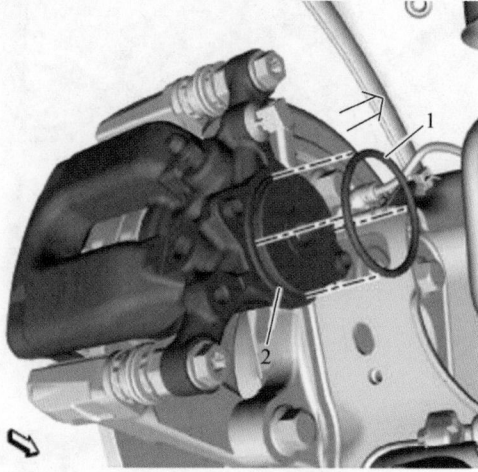

图 4-3-11　拆下密封圈

2. 驻车制动器执行器的安装

（1）安装新的 O 形密封圈 1，如图 4-3-12 所示。

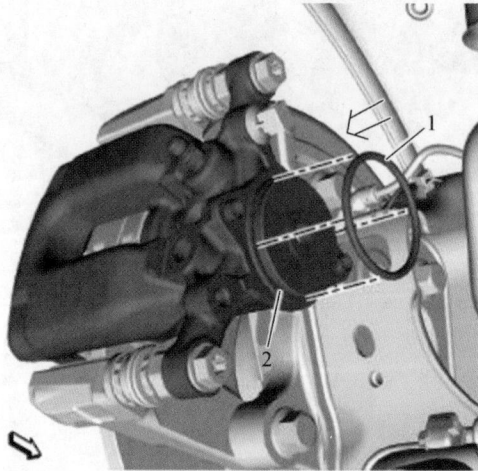

图 4-3-12　安装密封圈

注意：执行器和壳体之间的落座表面不能划痕并要清洁。

（2）连接电气连接器 1，并用两根电缆箍带将线束固定制动钳总成 2，如图 4-3-13 所示。

（3）取下制动钳开口和制动软管上的盖。

（4）安装紧固件螺栓 2 并紧固至 12 N·m，如图 4-3-14 所示。

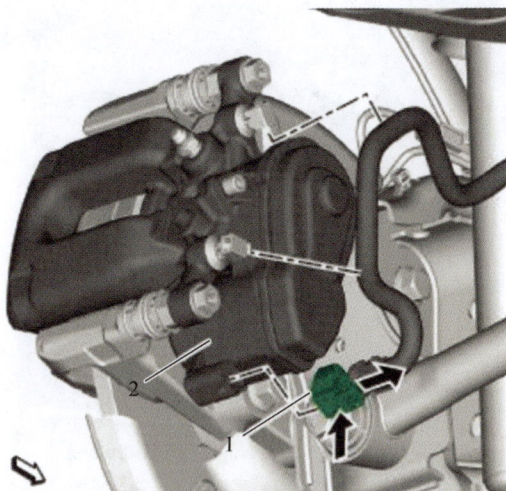

图 4-3-13　固定制动钳总成

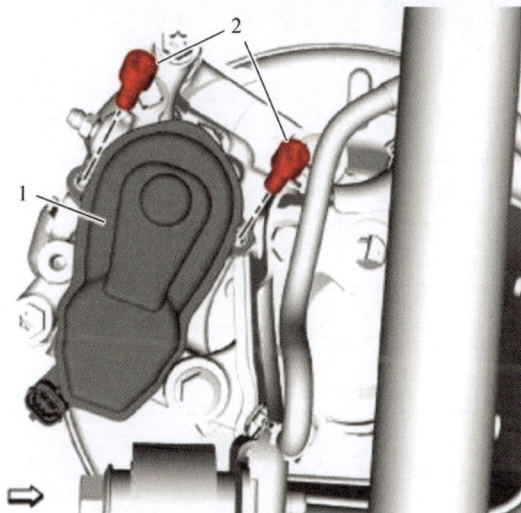

图 4-3-14　安装紧固螺栓

（5）安装新的制动软管接头衬垫 3。

（6）制动软管接头螺栓 1 安装并紧固 40 N·m，如图 4-3-15 所示。

（7）给制动系统放气，液压制动系统排气。

（8）安装后轮胎和车轮总成。

（9）拆下支架并降低车辆。

（10）关闭发动机，逐渐踩下制动踏板至其行程约 2/3 处。

（11）缓慢释放制动踏板。

（12）等待 15 s，然后重复步骤（10）和（11）直到制动踏板坚实。

（13）激活电子驻车制动器。

① 在发动机关闭的情况下，将点火开关置于 ON（打开）位置。

② 轻轻踩下制动踏板并按下电子驻车制动器开关超过 5 s。橙色维修灯熄灭且红色驻车制动器状态灯闪烁几次。

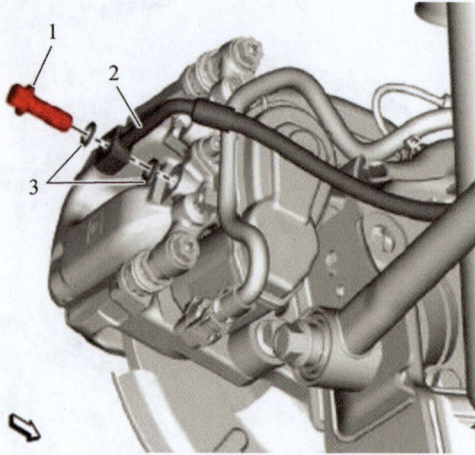

图 4-3-15　安装软管接头螺栓

三、异常情况处理办法

_____

_____

_____

_____

_____

_____

【任务考核】

项目四　制动系统构造与维修				
任务三　驻车制动系统的维修				
姓名		组别		
班级		学号		
题型	考核题目			得分
单选	（1）以下不是制动系统分类的是（　　　）。 A. 行车制动系统 B. 驻车制动系统 C. 辅助制动装置 D. 人力制动装置 （2）以下不是制动器结构组成的是（　　　）。 A. 固定元件 B. 旋转元件 C. 定位调整机构 D. 锁紧装置 （3）以下不是液压制动系统组成部分的是（　　　）。 A. 供能装置 B. 控制装置 C. 手传动装置 D. 制动器			
判断	（1）电子驻车制动器英文缩写为 EPB。　　　　　　（　　　） （2）当驻车制动器起作用时驻车制动警告灯点亮。　（　　　） （3）所有的驻车制动器都是鼓式制动器。　　　　　（　　　） （4）驻车制动器俗称手刹。　　　　　　　　　　　（　　　）			
总分				

任务四　汽车制动防抱死系统维修

【情境导入】

　　车主王先生驾驶一辆轿车，停车时 ABS 故障灯常亮。4S 店维修技师经过检测，初步怀疑是底盘 ABS 汽车制动防抱死系统损坏。为了确定故障原因，汽车制动防抱死系统需做进一步检测。

接车与填写接车问诊表

接 车 问 诊 表			
车牌号：	车架号：	行驶里程：	（km）
用户名：	电话：	来店时间：	
用户陈述及故障发生时的状况：ABS 汽车制动防抱死系统灯常亮			
故障发生状况提示：行驶速度、发动机状态、发生频率、发生时间、部位、天气、路面状况、声音描述			
接车员检测确认建议：检查燃油系统			
车间检测确认结果及主要故障零部件：			
车间检查确认者：			

外观确认：

（请在有缺陷部位作标识）

功能确认：（工作正常 √　不正常×）
□音响系统　□门锁（防盗器）□全车灯光
□工具　　　□后视镜　　□天窗　□座椅
□点烟器　　□玻璃升降器　　□玻璃

物品确认：（有√　　无×）

贵重物品提示
□工具　　　　□备胎
□灭火器　　　□其他
（　　　　　　　　　）
旧件是否交还用户
□是　　　□否
用户是否需要洗车
□是　　　□否

　　•检测费说明：本次检测的故障如用户在本店维修，检测费包含在修理费用内；如用户不在本店维修，请您支付检测费。本次检测费：¥　　　元。
　　•贵重物品：在将车辆交给我店检查修理前，已提示将车内贵重物品自行收起并保存好，如有遗失恕不负责。

接车员：　　　　　　　　　　　　用户确认：

【信息分析】

查阅相关资料，尝试回答如下问题。

（1）汽车制动防抱死系统由哪些零部件组成？

（2）汽车制动防抱死系统的作用是什么？

（3）汽车制动防抱死系统是如何工作的？

【信息收集】

汽车制动防抱死系统（ABS）是在常规制动系统的基础上形成的，利用电子电路自动控制车轮制动力，将汽车车轮的制动滑移率控制在 20%左右，从而充分发挥制动器的效能，提高制动减速度和缩短制动距离，并能有效地提高制动时车辆的稳定性，防止车辆侧滑和甩尾，减少交通事故的发生。因此 ABS 被认为是当前提高汽车行驶安全性的有效措施之一。汽车制动防抱死系统如图 4-4-1 所示。

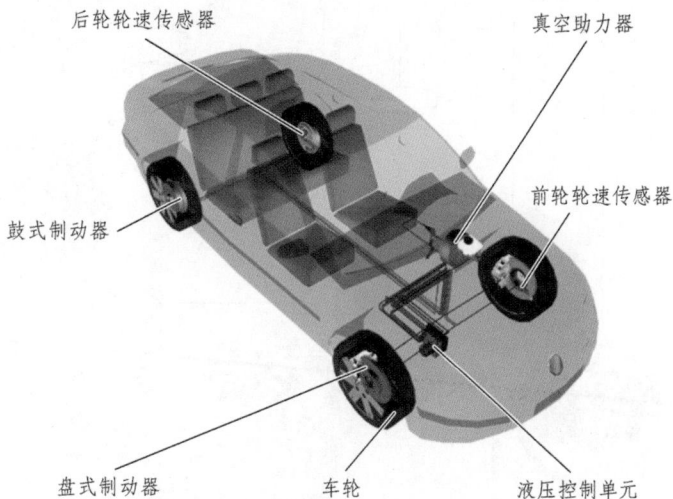

图 4-4-1 汽车制动防抱死系统（ABS）

一、汽车制动防抱死系统的功用

（1）缩短制动距离。

在同样紧急制动的情况下，ABS 可以将滑移率控制在 20%左右，即可获得最大的纵向制动力的效果（除在沙石、雪地路面上）。

（2）增加汽车制动时的稳定性。

汽车在制动时，四个轮子上的制动力是不一样的，如果汽车的前轮抱死，驾驶员就无法控制汽车的行驶方向；倘若汽车的后轮先抱死，则会出现侧滑、甩尾，甚至使汽车整个掉头等严重事故。资料表明，装有 ABS 的车辆，可使因车轮侧滑引起的交通事故比例下降 8% 左右。

（3）改善轮胎的磨损状况。

车轮抱死会造成轮胎磨损，轮胎面磨耗也会不均匀。经测定，汽车在紧急制动时，车轮抱死所造成的轮胎累加磨损费用，已超过一套防抱死制动系统的造价。因此，装用 ABS 具有一定的经济效益。

（4）使汽车在制动的过程中具备了制动加转向的能力。

ABS 适用于在大弯道上高速行驶，而且制动时驾驶员只要把脚踏在制动踏板上，ABS 就会根据情况自动进入工作状态，使制动状态保持在最佳点。

二、制动防抱死系统（ABS）的组成

一般来说，带有 ABS 的汽车制动系统由基本制动系统和制动力调节系统两部分组成，前者是制动主缸、制动轮缸和制动管路等构成的普通制动系统，用来实现汽车的常规制动，而后者是由传感器、电子控制器、执行器等组成的压力调节控制系统。如图 4-4-2 所示。

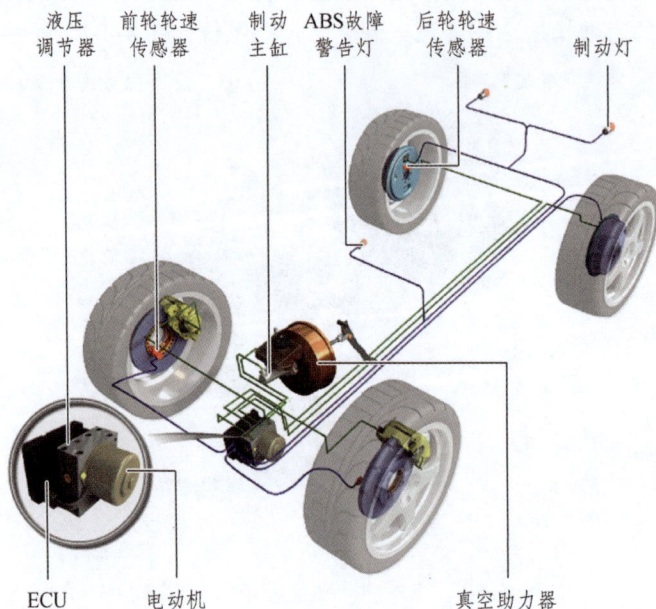

图 4-4-2　汽车制动防抱死系统组成

三、制动防抱死系统（ABS）的基本原理

在制动时，ABS 根据每个车轮速度传感器传来的速度信号，可迅速判断出车轮的抱死状态，关闭抱死车轮上面的常开输入电磁阀，让制动力不变，如果车轮继续抱死，则打开常闭输出电磁阀，这个车轮上的制动压力由于出现直通制动液储油箱

的管路而迅速下移，防止因制动力过大而将车轮完全抱死。这样，制动状态始终处于最佳点（滑移率为 20%），制动效果达到最好，行车最安全。如图 4-4-3 所示。

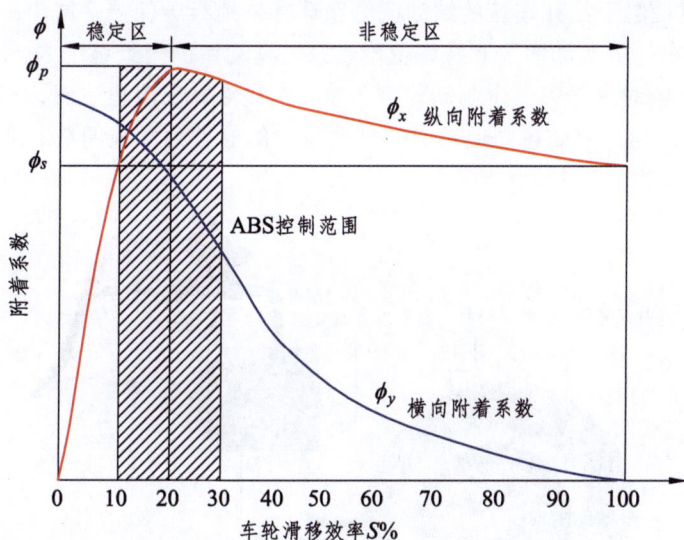

图 4-4-3　干燥硬实路面附着系数与滑移率的关系

在制动总泵前面腔内的制动液是动态压力制动液，它推动反应套筒向右移动，反应套筒又推动助力活塞从而使制动踏板推杆向右移。因此，ABS 工作时，驾驶员可以感受到脚上踏板的颤动，听到一些噪声。

汽车减速后，一旦 ABS 检测到车轮抱死状态消失，它就会让主控制阀关闭，从而使系统转入普通的制动状态下工作。如果蓄压器的压力下降到安全极限以下，红色制动故障指示灯和琥珀色 ABS 故障指示灯亮。在这种情况下，驾驶员要用较大的力气进行深踩踏板式的制动方式才能对前后轮进行有效的制动。

四、制动防抱死系统（ABS）的工作过程

在 ABS 中，每个车轮上各安置一个转速传感器，将各车轮转速的信号输入电子控制装置。电子控制装置根据各车轮转传感器输入的信号对各个车轮的运动状态进行监测和判定并形成相应的控制指令。各处液压电磁阀均不通电而处于关闭状态，电动泵也不通电运转，制动主缸至各制动轮缸的制动管路均处于沟通状态，而各制动轮缸至储液器的制动管路均处于封闭状态，各制动轮缸的制动压力将随制动主缸的输出压力而变化，此时的制动过程与常规制动系统的制动过程完全相同。

在制动过程中，电子控制装置根据车轮转速传感器输入的车轮转速信号判定有车轮趋于抱死时，ABS 就进入防抱死制动压力调节过程。例如，电子控制装置判定右前轮趋于抱死时，电子控制装置就使控制右前轮制动压力的进液电磁阀通电，右前进液电磁阀转入关闭状态，制动主缸输出的制动液不再进入右前制动轮缸。右前进液电磁阀和出液电磁阀都断电，进液电磁阀转入开启状态，出液电磁阀转入关闭状态，同时电动泵通电运转，向制动轮缸送制动液，由制动主缸输出的制动液和电

动泵泵送的制动液都经过处于开启状态的右前进液电磁阀进入右前制动轮缸，使右前制动轮缸的制动压力迅速增大，右前轮开始减速转动。

ABS 通过使趋于抱死车轮的制动压力循环往复地经历保持—减小—增大过程，而将趋于抱死车轮的滑动率控制在峰值附着系数滑动率的附近范围内，如图 4-4-4 所示。在该 ABS 中对应于每一个制动轮缸各有一对进液和出液电磁阀，可由电子控制装置分别进行控制，因此各制动轮缸的制动压力能够被独立地调节，从而使四个车轮都不发生制动抱死现象。

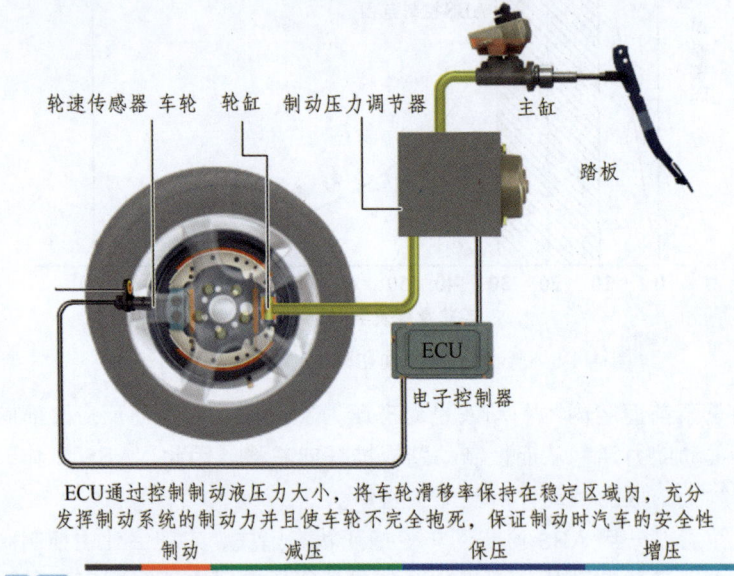

ECU通过控制制动液压力大小，将车轮滑移率保持在稳定区域内，充分发挥制动系统的制动力并且使车轮不完全抱死，保证制动时汽车的安全性

制动　减压　保压　增压

图 4-4-4　ABS 工作过程

活页工单 4-4　前轮转速传感器的更换

【接受工作任务】

根据给定轿车，对前轮转速传感器进行更换。

【制定任务实施方案】

每四位同学成一组，能够规范使用盘式制动器拆装工具，按照企业岗位操作规范对前轮转速传感器进行更换作业。每组作业时间为 20 min。

一、任务分工

（1）设备器材。
（2）场地设施：消防设施场地。
（3）设备设施：轿车一辆、举升机、工具车、零件车、垃圾桶。
（4）耗材：染色剂、清洗剂、抹布。

二、任务实施步骤

1. 前轮转速传感器拆卸程序

（1）拆卸车轮。
（2）移除前轮罩衬板。
（3）前轮速传感器紧固件 1 移除，如图 4-4-5 所示。

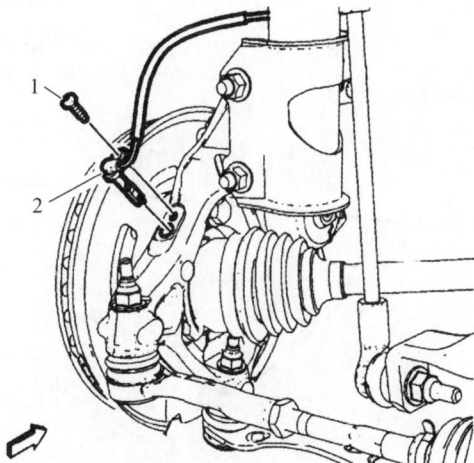

图 4-4-5　移除紧固件

（4）拆下轮速传感器 2。
（5）将前轮速传感器线束（1～3）松开，如图 4-4-6 所示。
（6）车轮转速传感器连接器 1 断开连接，如图 4-4-7 所示。

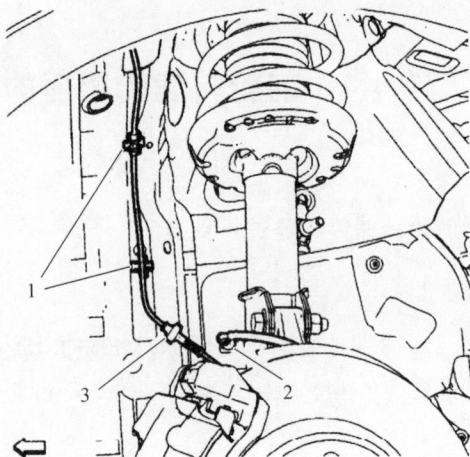

图 4-4-6　松开线束

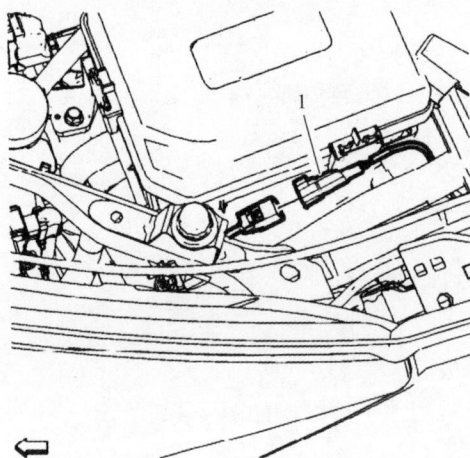

图 4-4-7　断开连接

2. 前轮转速传感器安装程序

（1）车轮转速传感器连接器 1 连接，如图 4-4-8 所示。

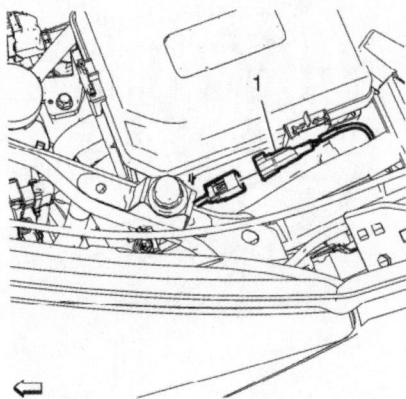

图 4-4-8　连接转速传感器连接器

（2）安装线束（1~3），如图 4-4-9 所示。

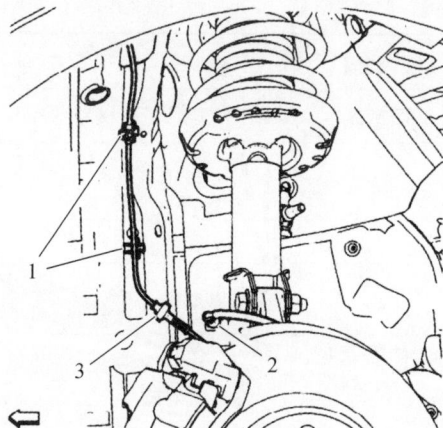

图 4-4-9　安装线束

（3）安装轮速传感器 2，如图 4-4-10 所示。

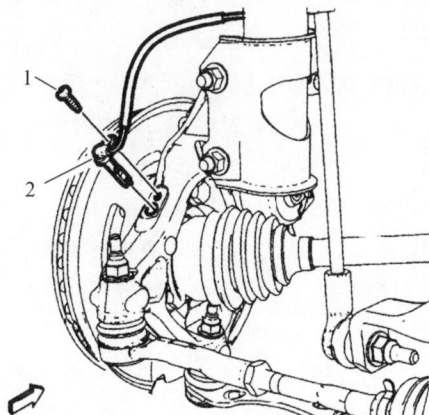

图 4-4-10　安装传感器

注意：按规定力矩紧固螺栓。

（4）前轮速传感器紧固件 1 安装并紧固至 6 N·m。

（5）前轮罩衬板的更换安装。

（6）轮胎和车轮安装。

三、异常情况处理办法

_____

_____

_____

_____

_____

_____

【任务考核】

项目四　制动系统构造与维修			
任务四　汽车制动防抱死系统维修			
姓名		组别	
班级		学号	
题型	考核题目		得分
单选	（1）ABS 轮速传感器常见的类型是（　　　）。 A. 电磁感应式　　　　　　　B. 光电式 C. 磁阻开关式　　　　　　　D. 以上都不是 （2）霍尔效应式轮速传感器车轮转动时的数据波形是（　　　）。 A. 近似正弦波　　　　　　　B. 矩形波 C. 近似余弦波　　　　　　　D. 三角波 （3）ABS 的电控控制单元与（　　　）安装在一起。 A. 轮速传感器　　　　　　　B. 液压执行器 C. 制动灯开关　　　　　　　D. 制动器 （4）以下哪个不属于 ABS 常见的故障原因？（　　　） A. 轮速传感器故障　　　　　B. 液压泵电机故障 C. 液压泵供电保险故障　　　D. 制动踏板开关故障		
判断	（1）ABS 系统最早是用在铁路机车和飞机上。　　　　　　（　　　） （2）当路面的制动力大于附着力时，车轮即出现抱死不转而出现纯滑移的现象。　　　　　　　　　　　　　　　　　　　　　　（　　　） （3）当 ABS 出现故障时，汽车就没有了制动功能。　　　（　　　） （4）所有 ABS 系统控制范围一般为 15 ~ 180 km/h。　　（　　　） （5）霍尔式车轮转速传感器输出的电压信号强弱随车速的变化而变化。 　　　　　　　　　　　　　　　　　　　　　　　　　　（　　　） （6）在正常的情况下，点火开关打开，ABS 报警灯数秒后应当熄灭，否则说明 ABS 系统有故障。　　　　　　　　　　　　　　（　　　） （7）目前四轮 ABS 系统大多数使用四通道控制。　　　（　　　） （8）ABS 调节器中的电动泵都是独立于 ECU 工作的。　（　　　） （9）ABS 系统的压力调整都是用三位三通的电磁阀来工作。（　　　） （10）ABS 系统有两个报警灯，黄色的是制动故障报警灯。（　　　）		
总分			

任务五　汽车车身稳定系统的维修

【情境导入】

车主王先生驾驶一辆轿车，车辆停止时 ESC/TCS 故障灯常亮。4S 店维修技师经过检测，初步怀疑是底盘 ESC 汽车车身稳定系统损坏。为了确定故障原因，汽车车身稳定系统需做进一步检测。

接车与填写接车问诊表

接 车 问 诊 表				
车牌号：	车架号：		行驶里程：	（km）
用户名：	电话：			来店时间：
用户陈述及故障发生时的状况：ESC/TCS 故障灯常亮				
故障发生状况提示：行驶速度、发动机状态、发生频率、发生时间、部位、天气、路面状况、声音描述				
接车员检测确认建议：检查燃油系统				
车间检测确认结果及主要故障零部件：				
车间检查确认者：				

外观确认：

（请在有缺陷部位作标识）

功能确认：（工作正常√　不正常×）

□音响系统　□门锁（防盗器）□全车灯光
□工具　　　□后视镜　□天窗　□座椅
□点烟器　　□玻璃升降器　　□玻璃

物品确认：（有√　　无×）

贵重物品提示
□工具　　　　□备胎
□灭火器　　　□其他
（　　　　　　　　　　）
旧件是否交还用户
□是　　□否
用户是否需要洗车
□是　　□否

・检测费说明：本次检测的故障如用户在本店维修，检测费包含在修理费用内；如用户不在本店维修，请您支付检测费。本次检测费：¥　　　元。
・贵重物品：在将车辆交给我店检查修理前，已提示将车内贵重物品自行收起并保存好，如有遗失恕不负责。

接车员：　　　　　　　　　　　　　　　用户确认：

【信息分析】

查阅相关资料，尝试回答如下问题。

（1）汽车车身稳定系统由哪些零部件组成？

（2）汽车车身稳定系统的作用是什么？

（3）汽车车身稳定系统是如何工作的？

【信息收集】

汽车电子稳定控制系统是车辆新型的主动安全系统，是汽车防抱死制动系统（ABS）和牵引力控制系统（TCS）功能的进一步扩展，并在此基础上增加了车辆转向行驶时横摆率传感器、侧向加速度传感器和方向盘转角传感器，通过 ECU 控制前后、左右车轮的驱动力和制动力，确保车辆行驶的侧向稳定性。车身稳定系统操作按键如图 4-5-1 所示。

图 4-5-1　车身稳定系统操作按键

一、车身电子稳定系统的功用

车身电子稳定性控制系统（Electronic Stability Controller）简称 ESC，部分汽车厂商也简称为 ESP。它通过对各传感器传来的车辆行驶状态信息进行分析，然后向 ABS、EBD 等发出纠偏指令，以帮助车辆维持动态平衡。ESP 可以使车辆在各种状况下保持最佳的稳定性，在转向过度或转向不足的情形下效果更加明显。

（1）它可以提高汽车的稳定性能。

（2）它通过传感器对汽车行驶状态信息进行监测，通过与制动系统的配合以维持车辆的动态平衡。

（3）具体表现在当车辆在发生打滑的时候，汽车的运动方向和速度不受驾驶员控制，车身稳定系统就会对车轮进行干预，从而帮助驾驶员恢复对汽车的操控，防止出现侧滑或者侧翻的现象。

二、车身稳定系统的组成

ESP 系统由控制单元及转向传感器（监测方向盘的转向角度）、车轮传感器（监测各个车轮的速度转动）、侧滑传感器（监测车体绕垂直轴线转动的状态）、横向加速度传感器（监测汽车转弯时的离心力）等组成，如图 4-5-2 所示。

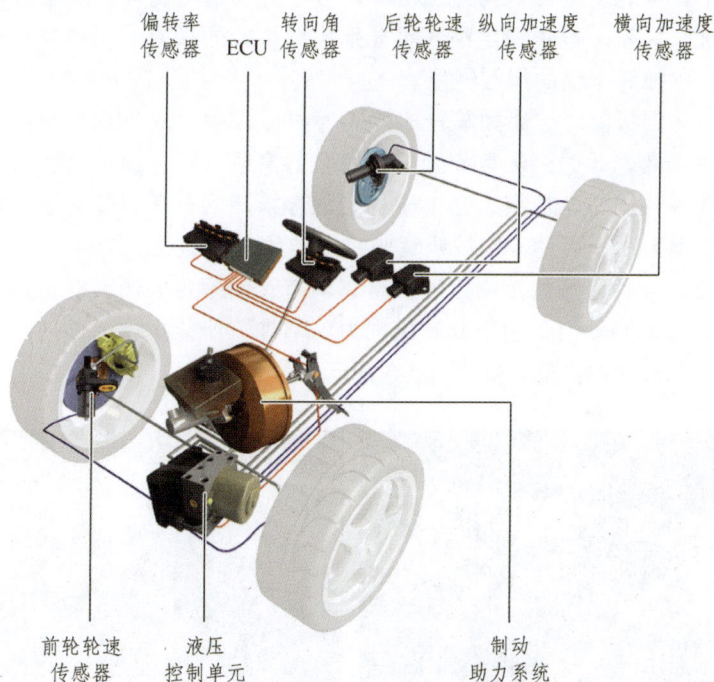

图 4-5-2　车身稳定系统的组成

1. 传感器

具体包括转向传感器、车轮传感器、侧滑传感器、横向加速度传感器、方向盘油门刹车踏板传感器等。这些传感器负责采集车身状态的数据。

2. ESP 计算机

传感器采集到的数据经 ESP 计算机进行计算，得出车身状态然后与存储器里面预先设定的数据进行对比。当计算数据超出存储器预存的数值，即车身临近失控或者已经失控的时候，则执行器工作，以保证车身行驶状态能够尽量满足驾驶员的意图。

3. 执行装置

ESP 的执行器是 4 个车轮的刹车系统，与没有 ESP 的车不同的是，装备有 ESP 的车的刹车系统具有蓄压功能。简单地说，蓄压就是计算机可以根据需要，在驾驶员没踩刹车的时候替驾驶员向车轮的制动油管加压，对各个车轮单独施加精确的制动力，使车辆保持稳定行驶。另外 ESP 还能控制发动机的动力输出和干预变速器的挡位。

4. 警示装置

仪表盘上的 ESP 灯为警示装置。

三、车身稳定系统的工作原理

在一定的路面条件和车辆负载条件下，车轮能够提供的最大附着力为定值，即在极限情况下，车轮受到的纵向力（沿车轮滚动方向）与侧向力（垂直车轮滚动方向）为此消彼长关系。电子稳定程序可分别控制各轮的纵向的制动力，从而对侧向力施加影响，以提高车辆的操控性能。

当纵向力达到极值时（比如车轮抱死），侧向力即为 0，车辆的横向运动将不受控制，即发生侧滑，此时汽车可能无法按司机的意愿进行变道或者转弯。电子稳定程序可以检测并预防车辆侧滑，当电子稳定程序检测到车辆将要失控，它会向特定的车轮施加制动力从而帮助车辆按照驾驶者期望的方向前进。

在转弯时，一种可行的控制策略：当车辆有转向不足的倾向时，系统可以向转弯内侧的后轮施加制动力，由于此轮纵向力的增加，所能提供的侧向力减小，随之对车身产生帮助转向的力矩，如图 4-5-3 所示。

图 4-5-3　转向不足

当有转向过度的倾向时，系统可以向转弯外侧的前轮施加制动力，由于此轮纵向力的增加，所能提供的侧向力减小，随之对车身产生抵抗转向的力矩，从而保证了行驶的稳定。部分的电子稳定程序系统还会在车辆失控时降低发动机的动力。如图 4-5-4 ~ 图 4-5-5 所示。

图 4-5-4　转向过度

图 4-5-5　紧急避让

活页工单 4-5　电子制动和牵引力控制模块的更换

【接受工作任务】

根据给定轿车，对前轮转速传感器进行更换。

【制定任务实施方案】

每四位同学成一组，能够规范使用拆装工具，按照企业岗位操作规范对电子制动和牵引力控制模块进行更换作业。每组作业时间为 20 min。

一、任务分工

（1）设备器材。

（2）场地设施：消防设施场地。

（3）设备设施：轿车一辆、举升机、工具车、零件车、垃圾桶。

（4）耗材：染色剂、清洗剂、抹布。

二、任务实施步骤

1. 电子制动和牵引力控制模块拆卸程序

（1）蓄电池负极电缆连接的断开。

（2）仪表板上加长板开口盖的更换。

注意：① 制动液会刺激眼睛和皮肤，如不慎入眼用清水彻底清洗；如接触皮肤用肥皂和清水清洗；如吸入立即就医。

② 避免制动液溅到涂漆表面、电气接头、接线或电缆上。制动液会损坏涂漆表面并导致电气部件腐蚀。如果制动液接触到涂漆表面，应立即用水冲洗接触部位。如果制动液接触到电气接头、接线或电缆，用干净的抹布擦除制动液。

（3）散热器缓冲罐托架卡夹 2 移除，如图 4-5-6 所示。

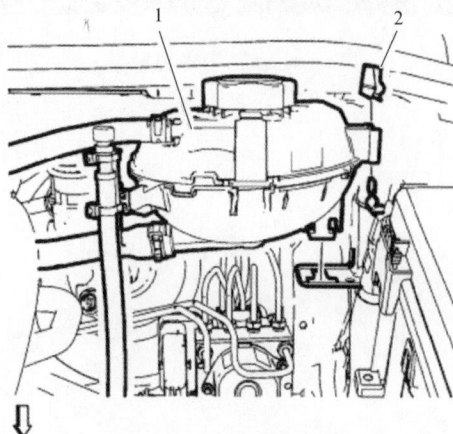

图 4-5-6　移除托架卡夹

注意：不可断开发动机冷却液软管。

（4）散热器缓冲罐 1 移开。

（5）制动压力调节阀主管 1 从制动主缸总成 2 移除，如图 4-5-7 所示。

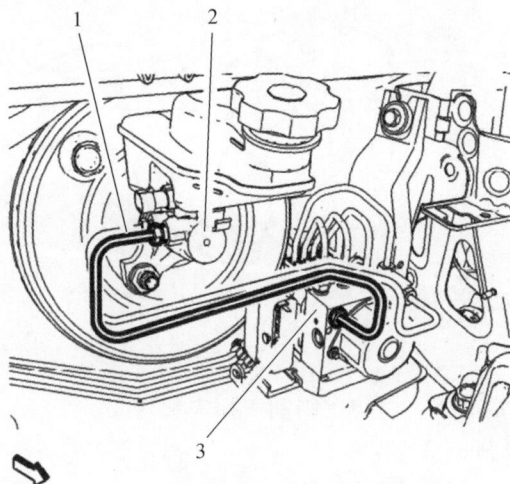

图 4-5-7 移除主管

注意：盖住制动管接头并堵住主缸出口，以防止制动液损失和污染。

（6）制动压力调节阀主管 1 从制动压力调节阀 3 移除。

（7）制动压力调节阀副管 1 从制动主缸总成 2 移除，如图 4-5-8 所示。

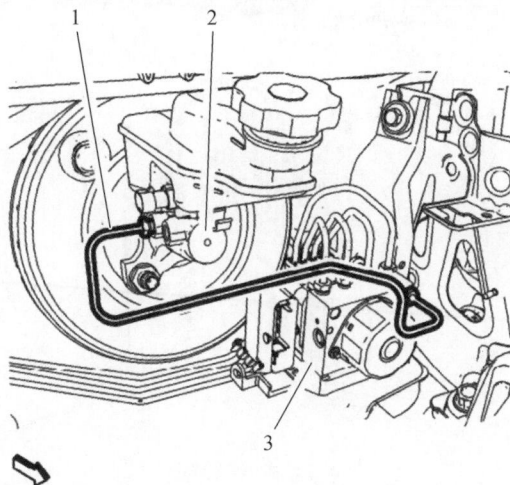

图 4-5-8 移除副管

（8）制动压力调节阀副管 2 从制动压力调节阀 3 移除。

（9）电气连接器 2 与电子刹车控制模块 1 断开连接，如图 4-5-9 所示。

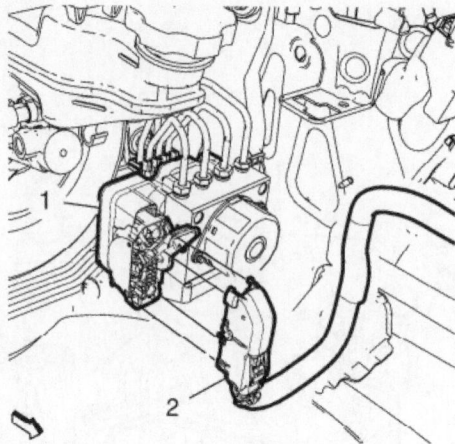

图 4-5-9　电气连接器断开连接

注意：盖住制动管接头，以防止制动液损失和污染。

（10）松开制动管接头 2×4。

（11）螺栓 1 移除，如图 4-5-10 所示。

（12）制动压力调节阀托架的更换移除。

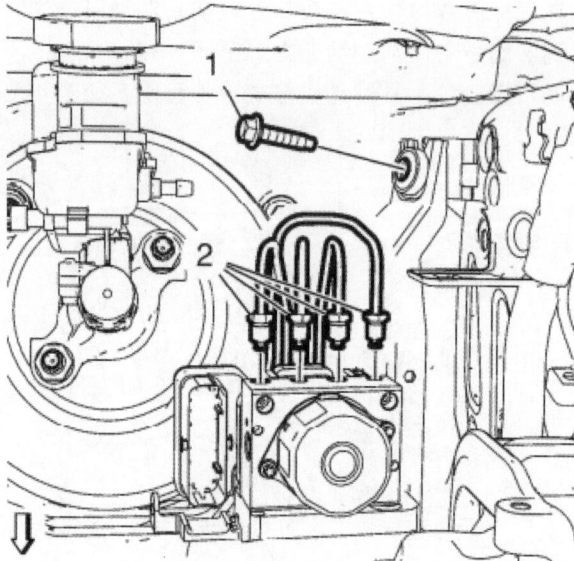

图 4-5-10　移除螺栓

2. 电子制动和牵引力控制模块安装程序

（1）制动压力调节阀托架的更换安装。

（2）螺栓 1 安装并紧固至 20 N·m，如图 4-5-11 所示。

注意：确保制动管正确连接至制动压力调节阀。如果制动管错误切换，则将出现车轮锁止并可导致人身伤害。仅有两种方式可检测此情况，使用故障诊断仪或进行防抱死制动。

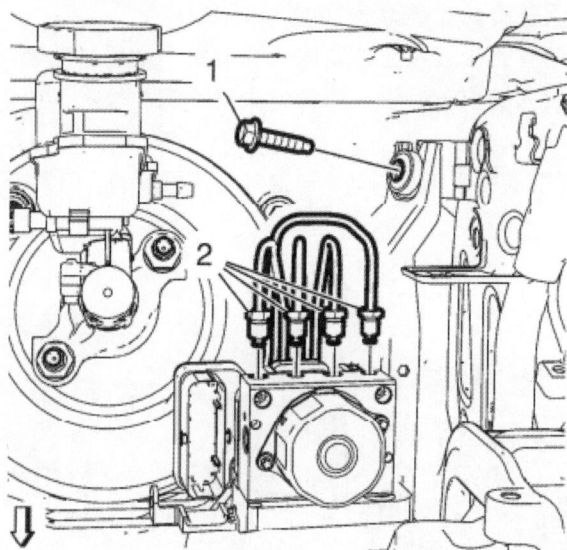

图 4-5-11　安装螺栓

（3）紧固制动管接头 2×4，紧固至 20 N·m。

（4）电气连接器 2 与电子刹车控制模块 1 连接，如图 4-5-12 所示。

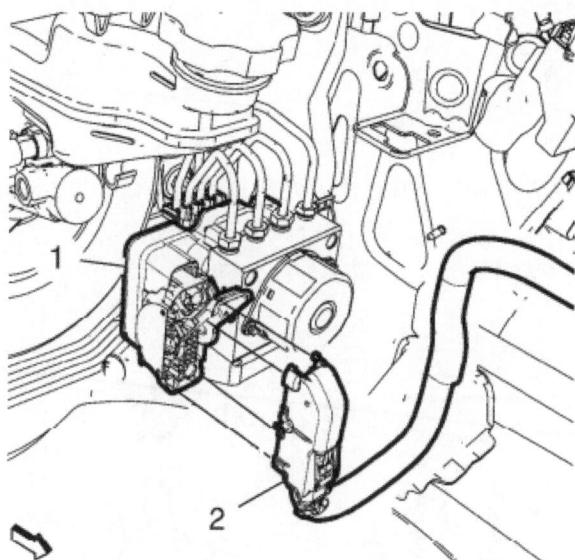

图 4-5-12　电气连接器连接

（5）制动压力调节阀副管 1 与制动主缸总成 2 连接安装，但不须紧固。

　　注意：确保制动管正确连接至制动压力调节阀。如果制动管错误切换，将出现车轮锁止并可导致人身伤害。仅有两种方式可检测此情况，使用故障诊断仪或进行防抱死制动。

（6）制动压力调节阀副管 1 与制动压力调节阀 3 连接安装，但不需紧固。

（7）制动压力调节阀副管紧固至 20 N·m。

注意：确保制动管正确连接至制动压力调节阀。如果制动管错误切换，则将出现车轮锁止并可导致人身伤害。仅有两种方式可检测此情况，使用故障诊断仪或进行防抱死制动。

（8）制动压力调节阀主管 1 与制动主缸总成 2 连接安装，但不须紧固，如图 4-5-13 所示。

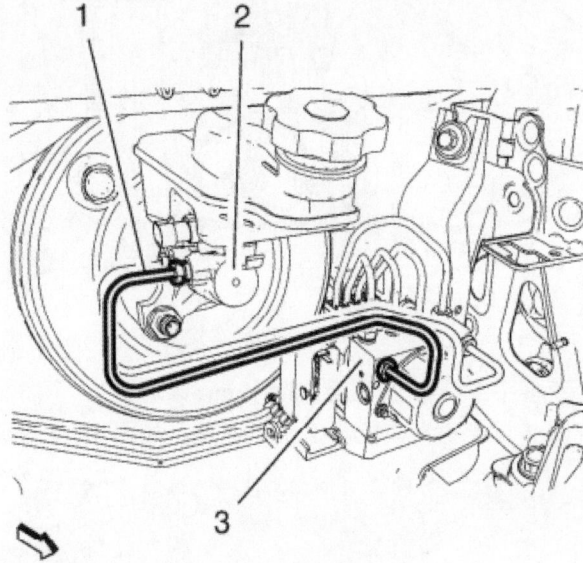

图 4-5-13　连接副管

（9）制动压力调节阀主管 1 与制动压力调节阀 1 连接安装，但不需紧固。

（10）制动压力调节阀主管紧固至 20 N·m。

（11）散热器缓冲罐 1 安装，如图 4-5-14 所示。

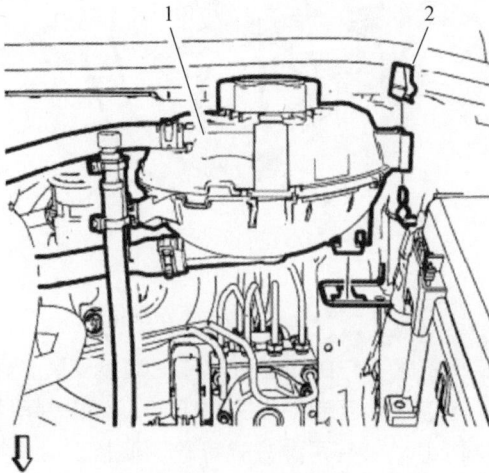

图 4-5-14　连接主管

（12）散热器缓冲罐托架卡夹2安装。

（13）仪表板上加长板开口盖的更换安装。

（14）蓄电池负极电缆连接。

（15）电子制动控制模块的编程和设置。

（16）液压制动系统排气。

（17）制动压力调节阀压力传感器的校准。

（18）方向盘转角传感器对中。

三、异常情况处理办法

_____

_____

_____

_____

_____

_____

【任务考核】

项目四　制动系统构造与维修		
任务五　汽车车身稳定系统的维修		
姓名		组别
班级		学号

题型	考核题目	得分
单选	（1）下列关于制动液的说法，正确的是（　　　）。 A. 即使制动液流到车子的油漆表面也没有问题，因为制动液对橡胶和金属都不会造成腐蚀 B. 即使在一种制动液中混入了另一种沸点不同的制动液，原来的沸点仍将保持不变 C. 通常制动液也用作离合器液 （2）关于制动液液面下降原因，叙述错误的是（　　　）。 A. 制动蹄片磨损 B. 制动分泵活塞卡住 C. 制动液具有吸湿性，长时间不盖制动液加注口盖，导致制动液大量挥发 （3）下列关于制动系统的表述，正确的是（　　　）。 A. 拆卸制动鼓（或制动钳）后，不能再踏动制动踏板 B. 应该在调整制动蹄间隙前，先调整驻车制动器的行程 C. 因制动液没有腐蚀性，即使落在油漆面上，漆面也不会受损	
判断	（1）ESP（VSC）能够一定程度上保证车辆的转弯稳定性。（　　　） （2）当踩下制动踏板时，可以通过检查后示宽灯和制动灯是否一起点亮来检查制动灯是否正常。（　　　） （3）TRC 是由 ABS ECU 根据传感器输入的信号来控制作用于制动分泵上的液压，防止在紧急制动时车轮被锁住。（　　　） （4）在给制动管路排空气时，通常应先从离驾驶员最远的轮胎开始排，遵循由远到近的原则。（　　　）	
总分		

参考文献

［1］ 曲英凯，刘利胜. 汽车底盘构造与维修[M]. 北京：人民交通出版社，2023.

［2］ 孙永科，李子路. 汽车底盘构造与维修[M]. 成都：西南交通大学出版社，2022.

［3］ 刘凤良. 汽车底盘构造与维修[M]. 3 版. 北京：高等教育出版社，2022.

［4］ 郭忠菊. 汽车底盘构造与维修[M]. 北京：机械工业出版社，2022.

［5］ 彭德豹，张树峰. 汽车底盘构造与检修[M]. 北京：电子工业出版社，2022.

［6］ 李显贵，黄祎，莫雪山. 汽车底盘构造与维修一体化学生手册[M]. 2 版. 北京：人民邮电出版社，2022.

［7］ 杨智勇，逄吉玲，张义. 汽车底盘构造与维修一体化教程[M]. 北京：机械工业出版社，2022.